박민배 에세이 Ⅱ

괜찮아,
괜찮아

나를 사랑하고자 하는
당신의 삶에 놓인 작은 소품

신사우동 호랑이

"괜찮아,
괜찮아 "

초판인쇄 2025년 9월 01일
초판발행 2025년 9월 12일

지 은 이 박민배
펴 낸 이 오상민

사   진 박민배
디 자 인 원종환
표 지 화 유경희
인   쇄 예지엔터프라이즈
제   본 창일제책사

펴 낸 곳 신사우동 호랑이
주   소 서울시 마포구 마포대로 14길 19-1, 그랜드빌딩 4층
전   화 010-5744-8581
팩   스 0504-385-8581
전자우편 sin_tiger@naver.com
블 로 그 blog.naver.com/sin_tiger
I S B N 979-11-976786-8-4 (03190)

박민배 에세이 II

괜찮아,
괜찮아

Contents

Contents

제2부 내가 보는 나, 남이 보는 나

Contents

제3부 나를 힘들게 하는 건

Contents

'나를 사랑하고자 하는'
당신의 삶에 놓인 작은 소품이길

I

남자로 태어나 한평생 멋지게 살고 싶었습니다. 옳은 것은 옳다고 말하고, 그른 것은 그르다 말하며 정의롭고 떳떳하게, 사나이답게 살고 싶었습니다.

남자보다 강한 존재가 아버지라 하지요. 이 말처럼 오롯이 나만을 믿고 살아온 아내와 아이들을 위해 나는 종종 하고 싶은 말조차 삼키며 살아야 했습니다. 나쁜 것을 나쁘다고, 아닌 것을 아니라고 말하지 못한 채 세상과 타협하며 걸어온 시간들이 있었지요.

오늘이 어제와 다르지 않더라도 내일은 오늘보다 나을 거라는 믿음으로 하루하루를 견뎌왔습니다. 그 길 끝, 피곤한 밤의 문턱에서 달빛을 벗삼아 기울이는 쓴 소주 한 잔은 언제나 그보다 더 쓴 인생의 맛을 가르쳐 주었습니다.

변변한 옷 한 벌 없어도, 번듯한 집 한 채 없어도, 내 몸 같은 아내와 금쪽같은 자식, 그리고 가장으로 형제를 위해 이 한 몸 기꺼이 던질 각오로 버텨온 세월….

사치스러운 자존심은 오래 전에 내려놓았습니다. 하늘을 보면 생각이 많고 땅을 보면 마음이 복잡한 건, 누가 억지로 짊어지게 한 짐도 아닌데 바위보다 무거운 삶의 무게를 그저 묵묵히 안고 살아가는 까닭입니다.

아버지는 울어도 소리를 내지 않습니다. 소리가 없으니 목이 멜 수밖에요. 용기를 잃은 것도, 열정이 식은 것도 아닙니다. 그저 살아가는 일이란 쉬운 일보다 어려운 일이 더 많고 만만한 것 하나 없는 세상이기에 '책임'이라는 말로 인내를 배우고 '도리'라는 이름으로 하루를 다할 뿐입니다. 가정의 수호신이라는 이름 아래 가족 앞에서는 약해서도, 울어서도 안 되는 사람. 그래서 아버지는 언제나 혼자 웁니다. 아무도 모르게, 오직 하늘만 알고, 아버지만 아는 그 눈물로요.

"삶이란 한 줄기 바람이 불어오는 것이고, 죽음이란 고요한 연못에 달이 잠기는 것."

삶과 죽음은 어쩌면 이미 연기된 미래일지도 모릅니다.

그렇기에 이왕이면, 아름답고 치열하게 살아가다가 후회 없이 맞이하고 싶은 것입니다.

Ⅱ

살다 보면 그런 날이 있습니다. 창밖으로 스며드는 바람 소리가 낯설게 느껴지고, 누군가 내 이름을 불러도 선뜻 대답하기 어려운 그런 날….

괜찮다고, 아무 일 없다고 웃지만 사실은 마음 한구석이 조용히 무너지고 있었던 날, 거울 속 내 얼굴이 낯설게 보이고, 손끝에 스친 작은 말 한마디에도 왈칵 눈물이 차오르던 그런 날 말이지요. 그럴 때마다 우리는 늘 같은 말을 꺼냅니다.

"응, 괜찮아."

하지만 이 말 속엔 참아온 서러움도, 차마 꺼내지 못한 속마음도 수없

"가슴 속에서 조용히 웅크리고 있던 감정들을 살며시 펼쳐보는 시간"

이 숨어 있었을지 모릅니다.

이제는 그 '괜찮아'라는 말 안에 조금 더 진솔한 나 자신을 담아보고 싶습니다.

"가슴 속에서 조용히 웅크리고 있던 감정들을 살며시 펼쳐보는 시간"

누군가는 "그 정도는 다 겪는 거야."라 말할지 몰라도, 내게는 결코 가볍지 않았던 순간들….

가슴 속에서 조용히 웅크리고 있던 감정들을 살며시 펼쳐보는 시간입니다. 삶은 언제나 기대한 방향으로 흐르지 않습니다. 예고 없는 슬픔이 찾아오고, 관계가 틀어지며, 애써 쌓아 올린 꿈이 무너지는 일도 있지요. 그럴 때마다 우리는 흔들리고, 때로는 주저앉습니다.

하지만 그 순간에도 우리는 다시 일어서는 법을 배웁니다. 누군가의 따뜻한 말 한마디, 햇살 한 줄기, 혹은 이 글 한 페이지가 당신의 마음을 잠시라도 덮어 줄 수 있다면, 그것만으로도 참 좋겠습니다.

이 글을 읽는 당신도 아마 수없이 많은 '괜찮아'를 반복하며 여기까지 오셨겠지요. 누군가에게는 그 말이 위장처럼 느껴졌을 수도, 또 다른 누군가에게는 진심이었을지도 모릅니다. 이제는 우리 함께 조금은 다정하게, 진심으로 다시 말해 보아요.

괜찮아, 괜찮아요.
정말 괜찮아질 거예요.

Ⅲ

"이 세상에 내 이야기를 듣고 싶어 하는 사람이 있을까?"

"나와 똑같은 감정을 품고 살아가는 사람이 있을까?"

이 책은 그런 단순한 물음에서 시작되었습니다. 어딘가 나의 이야기에 귀를 기울여 주고 조금이라도 공감해 줄 누군가가 있을지도 모른다는 어쩌면 무모한 상상에서 말이지요. 조금 더 가진 사람과 덜 가진 사람만 있을 뿐, 특별한 삶이란 없는 세상. 우리는 단지 나와 다른 삶을 살고 있는 이들을 보며 '특별하다'고 느낄 뿐입니다.

세상의 중심에서 '나'를 외치기 위해 내가 누구인지를 먼저 알아야 합니다. "내가 여기 있다"라고 외치기 위해서는 '나다움'이 무엇인지 스스로 깨달아야 합니다. 세상의 중심에는 바로 '나'가 있습니다.

세상은 결국 나를 중심으로 움직입니다. 내 삶을 사랑하지 않고서는 타인의 삶을 사랑할 수 없습니다. 내가 나를 얼마나 좋아하는지, 내 삶을 얼마나 아끼는지, 남들이 몰라도 괜찮습니다. 굳이 드러낼 필요도 없습니다. 그 감정은 오직 나만의 것이니까요.

이 글이 '나를 사랑하고자 하는' 당신의 삶에 놓인 작은 소품이길 바랍니다.

2025년 4월

– 저자 昭岩 박민배(朴玟培)

괜찮아,
괜찮아

나를 사랑하고자 하는

당신의 삶에 놓인 작은 소품

제1부

나는 나로서

해 봐야 비로소 알게 되는 것

"안 될 거라고 미리 정해 놓고 그래서 뭘 하겠어요.
해 보고 판단해야지."
- 드라마 <이태원클라쓰> -

이 세상엔 해 보지 않아도 아는 것과 해 봐야만 아는 것, 딱 두 가지만이 존재합니다. 해 보지 않았는데 알 리 없고, 해 봤는데 모를 리 없습니다.

자신이 뭘 좋아하는지는 이것저것 해 보지 않으면 결코 알 수 없지요. 자신이 직접 해 보지 않은 일들을 좋아하게 될 수는 없는 법이니까요.

인생도 이와 마찬가지입니다. 이것저것 경험해 보지 않고 인생을 평가할 순 없습니다. 이런 면에서 인생은 '길 찾기의 연속'이라 할 수 있습니다. 헤매 본 경험이 있어야 어떤 길로 가야 하는지,

어떤 길로 가면 안 되는지를 알게 되고, 잘못된 길로 들어서 본 경험이 있어야 제 길을 찾을 수 있습니다.

각자의 인생이 다르듯 내가 걸어갈 길도 남과 다릅니다. 남이 걸어간 길을 기웃거릴 필요도 없습니다. 갈림길을 마주할 때마다 일단 부딪쳐보고 깨닫는 수밖엔 없습니다. '이 길이 아니다.' 싶더라도 돌이킬 수 없는 상황이라면 미련을 갖지 말아야 합니다. 그 미련이 잘못된 길이나마 조금씩 앞으로 나아가야만 하는 현실의 발목을 붙잡기 때문입니다.

가지 않은 길을 기웃거리는 것보다 비참한 일은 없습니다. 가지 않을 길보다는 지금 가고 있는 길에서 의미를 찾아야 합니다. 설사 외진 길, 막다른 길, 잘못된 길에 들어섰더라도 소득은 있었노라 생각해야 합니다. 나의 잘못된 선택으로 그 선택이 잘못됐음을 깨닫게 되었으니 말입니다.

모든 일은 이처럼 '나름의 의미'가 있습니다. 잘못된 판단으로 일을 그르쳤거나 인생이 전혀 엉뚱한 방향으로 흘렀더라도 그 속에서 깨달음을 얻고 바로 그 지점에서 다시 시작해야 합니다.

인생은 해 보지 않고서는, 일단 발걸음을 떼어 보지 않고서는 절대로 알 수 없는 것이니까요. ♩

내가 모르는 상처

"사막에서는 밤에 낙타를 나무에 묶어 둬.
그리고는 아침에 끈을 풀어놓지. 그래도 낙타는 도망가지 않아.
묶여 있던 지난밤을 기억하거든.
우리가 지나간 상처를 기억하듯 과거의 상처가
현재 우리의 발목을 잡는다는 얘기지."
- 드라마 <괜찮아 사랑이야> -

'어? 이 상처가 언제 생겼지?'

살다 보면 어디서 긁혔는지도 모르는 상처를 발견하게 되는 경우가 있습니다. 몸에 상처가 나듯 마음에도 상처가 생기기 쉽습니다. 우리는 다른 사람과 어울려 살면서 크고 작은 상처를 주고받지요. 그런데 문제는 내가 상처를 언제 주는지, 언제 받는지를 모른다는 것에 있습니다.

상처가 되는 말을 들으면 평정심이 무너지고 분노나 슬픔의 감정에 휩싸이기 마련입니다. 상처를 주고받는 사람들은 멀리 있는 것이 아니라 항상 우리 주변에 있습니다. 상처를 준 사람이 나와

● 중국 장쑤성 난징시의 주원장이 잠든 明孝陵景區 공원 동물상-2014.11.13

별 상관없는 사람이라면 두 번 다시 안 보면 그만이지만 내 주변에 있는 사람이라면 상처가 쉽게 아물지 않지요. 상처의 심각성은 바로 이 점에 있습니다.

상대방에게 좋은 말로 상처를 주었든, 나쁜 말로 상처를 주었든 그 말을 들은 사람의 마음에 가시가 되어 박힌다면 그 말 자체가 상처가 됩니다. 때론 "네가 내가 한 말 때문에 상처를 입을 줄 몰랐어."라는 말조차도 상처가 되기도 하지요.

사람에게 가장 불행한 일 중 하나는 나에게 상처를 주는 사람을 계속 곁에 두고 살아야 한다는 것입니다. 그 사람이 가족이라면 더더욱 힘든 일이겠지요.

이보다 더욱 심각한 문제는 우리 주변에는 상처를 준 사람은 없고 받은 사람만 존재한다는 것입니다. 상대방에게 상처가 되는 말을 했지만 그것이 상처인지를 알지 못하고 사는 사람이 많다는 뜻이지요. 자신에게 상처를 준 사람을 말해 보라고 하면 쉽게 대답을 하지만 자신이 상처를 준 사람을 말해 보라고 하면 선뜻 대답하는 사람은 거의 없습니다.

우리 주변에는 '나는 다른 사람에게 상처를 준 기억이 없는데?'라거나 '그까짓 말 한마디에 상처를 받는다고? 너무 속이 좁은 거 아냐?'라고 생각하는 사람들이 많습니다. 하지만 그 사람이 상처를 받는 당사자가 된다면 그걸 대수롭지 않게 넘길 수 있는 사람은 드물 것입니다.

상대방에게 상처를 주고 나중에 사과를 할 바에는 차라리 말을 하지 않는 편이 낫습니다. 내가 듣고 싶지 않은 말이 있듯이 상대방도 듣고 싶지 않은 말이 있을 수 있고, 이 세상 누구에게나 듣고 싶지 않은 말을 듣지 않을 권리는 있는 법이니까요.

몸에 난 상처는 치료를 하면 언젠가는 낫지만, 마음의 상처는 쉽게 치유되질 않습니다. 무척 여러 날을 노력해야 낫기도 하고, 평생 낫지 않기도 합니다. 나와 가까운 곳에 있는 사람들에게 내가 모르는 사이에 상처를 주고 있지 않은지, 내가 입은 상처는 잘 치유하고 있는지 돌아볼 때입니다. ◇

어른으로 산다는 건

"더 좋은 것을 얻기 위해서는 좋은 것을 기꺼이 포기해야 한다."
- 케니 로저스 -

"엄마, 나는 언제 어른이 되는 거예요?"
"밥을 많이 먹으면 빨리 어른이 될 수 있나요?"

어렸을 땐 하루빨리 어른이 되고 싶었습니다. 어른이 되면 원하는 것을 다 가질 수 있고 뭐든 마음대로 할 수 있을 것 같았기 때문이지요. 하지만 나이가 먹어갈수록 가질 수 없는 것이 가질 수 있는 것보다 많고 마음대로 할 수 있는 것보다는 할 수 없는 것이 많다는 사실을 깨달았습니다. '세월이 지나면 자연스럽게 어른이 된다는 것'과 '어른으로서 산다는 것'은 차이가 있기 때문입니다.

어른으로 산다는 건 단순히 나이가 더해지고, 생각이 더해지고,

● 지구 반대편 체코 프라하 구시가지 광장의 포토 촬영 모델 −2014.09.21

세월이 더해지는 것을 의미하는 것이 아닐 겁니다. 우물을 만들려면 땅을 파내야 하고 나무를 심으려면 흙을 퍼내야 하듯이 어른이 된다는 것은 나이를 먹으며 켜켜이 쌓인 묵은 감정을 조금씩 덜어내는 과정이라 생각합니다.

자신이 불행하다고 느끼는 이유는 가진 것이 부족하다고 여기기 때문입니다. 가진 것이 부족하다고 느끼면 더 많은 것을 갖기 위해 주변의 소중한 것들에 눈을 돌릴 여유가 생기지 않고, 가진 것에 만족하면 사소한 것에도 행복함을 느끼기 마련입니다.

말을 줄이면 허물이 줄어들고, 모임을 줄이면 언쟁이 줄어들며, 생각을 줄이면 번민이 줄어듭니다. 어느 것 하나 이롭지 않은 것이 없습니다. 날마다 비우려 하지 않고 채우려고만 하니 인생이 피곤해지는 것입니다.

뭔가를 더하는 것보다는 필요 없는 것들을 없애는 것이 노력이 덜 든다는 사실을 직시해야 합니다. 욕심은 욕심을 낳고, 그 욕심은 그보다 더한 욕심을 낳습니다. 악순환의 연속이지요.

인생은 늙어가는 것이 아니라 익어가는 거라는 어느 유행가의 가사처럼 어른으로 산다는 것은 채우고 더하는 것에 있는 것이 아니라 비우고 덜어내는 것에 있습니다. ☖

거절

"이왕 거절할 것이라면 처음부터 거절하는 것이 친절하다."
- 푸불리우스 시우스 -

"저, 부탁이 있는데요."

"네. 해드릴게요."

"저, 미안하지만 한 가지만 더 부탁할게요."

"네. 알겠어요."

"자꾸 미안하지만⋯."

우리 주변에는 거절을 유난히 어려워하는 사람이 많습니다. '내가 거절하면 상대방이 기분 나빠하지 않을까?', '나를 싫어하면 어떻게 하지?' 등과 같은 생각들이 거절하고 싶은 마음을 가로막지요.

남에게 칭찬을 받는 일은 분명 기분 좋은 일이기 때문에 상대방이 원하는 것이 무엇인지에 많은 관심을 갖게 되고 점차 민감하게 반응하게 됩니다. 하지만 상대방의 의견에 맞춰주는 삶을 살다 보면 정작 내가 원하는 것이 무엇인지를 표현하는 일에 서툴러지기 마련입니다. 다시 말해 나의 의사가 어떠하든 상대방이 부탁을 거절하지 못하는 사람이 되고 마는 것입니다.

많은 사람이 거절하는 것이 불편해 자신이 희생하고 참는 쪽을 선택하며 살고 있습니다. 그래야만 다른 이들에게 좋은 사람으로 평가받고 트러블도 생기지 않을 것이라 생각하니까요. 하지만 '남의 부탁을 들어주는 것'은 '나의 시간과 노력을 희생하는 것'을 의미하는데 좋은 사람으로 인정받는 것이 무슨 의미가 있을까요? 그리고 남의 부탁을 들어준다고 해서 트러블이 일어날 일이 안 일어나고, 일어나지 않을 일이 일어날까요?

거절은 단순히 상대방에게 부정적인 의사를 전달하는 것이 아

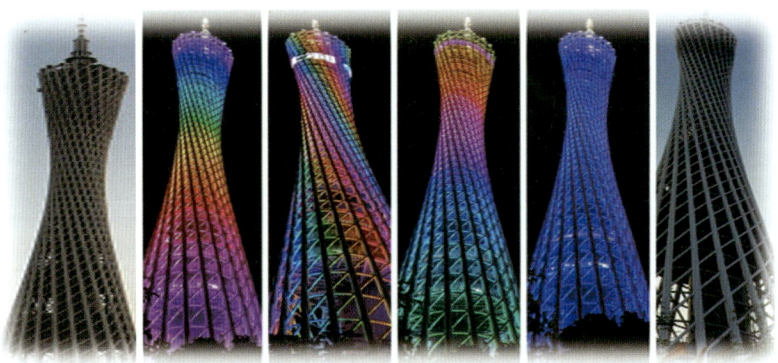

● 중국 광둥성 '광저우 타워!' 중국서 가장 독특한 TV 전망대(송출기)!-2019.09.21

니라 내가 어떤 생각을 갖고 있고 어떤 생각을 하는지를 상대방에게 보여주는 것입니다. 내가 거절을 했다고 해서 트러블이 생길 정도의 사이라면 상대방이 나를 존중하지 않고 있다는 것을 의미하므로 차라리 손절을 택하는 편이 현명합니다.

부탁이 한 번만으로 끝난다는 보장도 없습니다. 한 번 부탁을 들어주면 이후에도 계속 부탁을 들어줘야 할 수도 있습니다. 상대방이 '전에는 제 부탁을 들어줬는데 왜 이번에는 들어주지 않는 거죠?'라고 말하면 딱히 대꾸할 말이 떠오르지 않기 때문이지요.

우리에게는 남의 부탁을 들어줘야 할 의무는 없고 거절할 권리는 있습니다. 남이 부탁하면 무조건 들어줘야 한다는 의무감, 남의 부탁을 거절했을 때 생기는 죄책감에서 하루빨리 벗어나야 합니다.

다른 사람의 부탁을 기꺼이 들어줄 의사가 전혀 없다면 단호하게 거절해야 합니다. 그렇지 않으면 상대방은 승낙할 때까지 계속 물고 늘어질 것입니다. 부탁을 하는 상대방에게는 목적을 달성해야 한다는 생각만 머릿속에 가득 차 있을 뿐, 다른 사람의 기분이나 입장은 고려하지 않기 때문입니다.

당신이 부탁을 거절한다고 해도 미안해하지 않아도 됩니다. 그 일이 스스로 하지 못하고 남에게 부탁해야 할 정도로 중요하다면 그 일을 해 줄 만한 사람을 또다시 찾아 나설 테니까요. 🔔

착한 사람, 좋은 사람

"착한 행동이란 나쁜 행동을 삼가는 것이 아니라
나쁜 행동을 바라지 않는 것이다."
- 조지 버나드쇼 -

"당신은 참 착한 사람 같아요."

"당신은 참 좋은 사람 같아요."

상대방에게 이런 말을 들으면 기분이 좋아집니다. 칭찬으로 들리기 때문이지요. 하지만 착한 사람 같다는 말, 좋은 사람 같다는 말이 과연 칭찬일까요?

평소 착한 사람, 좋은 사람이라는 말을 자주 듣고 사는 사람의 일상을 들여다보면 그가 얼마나 피곤한 삶을 살고 있는지 쉽게 알 수 있습니다. 때론 자신을 위한 삶이 아니라 인생을 오직 남에게 잘 보이기 위해 사는 사람처럼 보일 때도 있지요.

착한 사람은 겉으로 볼 때 대인 관계가 원만하고 사회에도 잘 적응하고 있는 것처럼 보이지만 장기적으로는 바람직하지 못한 결과를 초래할 확률이 높습니다. 남들에게만 신경을 쓰다 보면 그만큼 자신을 돌볼 시간이 부족해지고 자칫 대인 관계가 나빠지기라도 하면 모든 원인이 마치 자기 자신에게 있는 것처럼 자책을 하는 상황에 이를 수도 있습니다.

착한 사람, 좋은 사람은 남에게 피해를 입힐 의도를 전혀 갖고 있지 않습니다. 이 말을 반대로 생각해 보면 남에게 피해를 입을 확률이 높다는 것을 의미합니다. 착하게 사는 사람과 착하지 않게 사는 사람, 좋은 사람과 나쁜 사람 중 어느 쪽이 손해를 볼 확률이 높을까요? 고민할 필요도 없이 후자이겠지요.

또한 착한 사람, 좋은 사람은 남이 파놓은 함정도 잘 알아채시 못합니다. 세상 사람들이 모두 나와 같다고 생각하기 때문이지요. 어쩌다 나쁜 의도를 지닌 사람을 만나면 속절없이 당하고 맙니다.

대부분의 사람들은 상대방이 자기를 속이는 것 같은 느낌이 들면 바로 외면해버립니다. 하지만 착한 사람, 좋은 사람은 "착하다.", "사람 좋다."라는 말을 듣고 싶은 나머지 곧잘 속아 넘어갑니다.

대부분의 사람은 모든 사람, 아니 가능한 한 많은 사람이 자신을 좋아해 주길 원합니다. 하지만 안타깝게도 모든 사람이 나를

● 러시아 상트 페테르부르크 항구 부두에는 해적활동의 유물로 장식함-2019.05.09.

좋아할 수는 없습니다. 나도 싫어하는 사람이 있듯이 남도 나를 싫어할 수 있습니다. 내가 다른 사람에게 싫어하는 대상이 된다고 해서 달라지는 건 없습니다.

내가 남들에게 좋은 사람이 됐을 때 자신이 감당해야 할 불편함과 손해가 크다면 기꺼이 '착하지 않은 사람', '나쁜 사람'이 돼야 합니다. 계산적인 사람이 되는 것과 자신의 정당한 몫을 지키는 건 전혀 다른 문제이기 때문이지요. 내가 오랫동안 관계를 유지하고 싶은 사람이라면 나를 이해해 줄 것이고 나의 거절에 기분 나빠하는 사람이라면 내 곁을 떠날 것입니다. 내가 싫어 떠나는 사람을 구차하게 잡을 필요는 없겠지요.

착한 사람, 좋은 사람이 되지 말자는 것이 아니라 적어도 '코스프레'는 하지 말아야 한다는 것입니다. 단지 남에게 미움을 받지 않기 위해, 남에게 칭찬을 듣기 위해 착한 사람, 좋은 사람이 되진 말아야 겠습니다. ○

나는 나로서

"우리가 무슨 생각을 하느냐가 어떤 사람이 되는지를 결정한다."
- 오프라 윈프리 -

쇼윈도의 사전적인 의미는 '가게에서 상품을 진열하여 지나가는 사람이 볼 수 있도록 만든 넓은 유리창 또는 그런 공간'입니다. 쇼윈도는 필연적으로 남을 의식할 수밖에 없는 운명을 지니고 있습니다. 남에게 잘 보여야 내 삶이 그럴듯하게 여겨지고 자존감이 높아지기 때문입니다. 쇼윈도를 중요하게 여기는 사람들에게는 남이 알지 못하는, 남이 보지 못하는 부분의 삶에는 전혀 관심을 두지 않습니다. 인생이 그저 '쇼(show)'일 뿐이기 때문이지요.

사람은 누구나 '보이는 나'와 '보이지 않는 나'의 두 가지 모습을 지닌 채 살고 있습니다. '보이는 나'에만 치중하는 사람들은 대개 삶에 부족함을 느끼고 끊임없이 뭔가를 갈구하지만, '보이지 않는 나'에 치중하는 사람들은 자기 만족감이 높고 매 순간의 삶에 최선을 다합니다.

나를 사랑한다는 것은 자신을 가치 있는 사람이라 여기고 긍정적으로 받아들이는 것을 의미합니다. 설사 부족한 면이 있더라도 자신을 있는 그대로 받아들이지 않으면 심적 고통을 느끼게 됩니다. 못난 나, 부족한 나를 바꾸는 데 시간을 쓰기보다는 내가 어떤 사람인지를 알고 나를 이해하는 데 더 많은 시간을 써야 합니다.

세상 사람들은 나의 삶에 관심이 없습니다. 나 스스로 다른 사람이 나에게 관심이 많을 것이라고 착각하며 살뿐이지요. 내가 다른 사람의 삶에 얼마나 관심을 갖고 사는지를 생각해 보면 이러한 사실을 쉽게 알 수 있습니다. 내 삶에 관심을 갖고 있는 사람은 오직 자기 자신뿐이라는 것을 알아야 합니다.

남의 삶이 아닌 나 자신의 삶을 살려면 자신에게 솔직해져야 합니다. 자신에게 솔직하다는 것은 지금까지 잊고 살아온 자신을 되찾는다는 것을 의미합니다. 자신에게 솔직하지 못한 자세가 자신의 원하는 그 무엇인가를 제공해 주지 않는다는 것을 스스로도

● 대만 ~ 타이페이시 101 타워 앞에서─2025.03.18

잘 알고 있지만 항상 자신은 뭔가 부족하다고 느끼고, 이런 자신을 쉽게 받아들이지 못합니다. 하지만 스스로를 가치 있는 사람이라고 느낀다면, 다른 사람들이 나를 어떻게 생각하든 전혀 중요하지 않게 됩니다.

또한 자신과 타인을 있는 그대로 받아들이면, 자신의 잣대로 타인을 비하하거나 평가하는 일도 없어집니다. 자기 자신에게 솔직해진다는 것은 아무런 옷도 걸치고 있지 않은 자신을 사랑하는 것일 따름이기 때문입니다.

지금까지의 삶이 '내가 바라는 나'가 아닌 '남이 바라는 나'였다면 그 시선을 나로 향하게 해야 합니다. 나를 괜찮은 사람이라 생각하기 위해 나를 잃어버리고 살다 보면 결국 나는 '안 괜찮은' 사람이 되어 버립니다.

남을 돕기 전에 나 자신부터 도와야 합니다. 남과 잘 지내는 것보다는 나와 잘 지내는 것이 중요합니다. 나와 잘 지내지 못하면서 남과 잘 지낸다는 것은 나를 잃어버리고 사는 것과 마찬가지입니다. 나를 인정하며 살아야 남도 나를 인정하게 되는 것입니다. 지금 당장 무력한 나, 못난 나, 부족한 나와 이별을 고해야 합니다. 나는 소중하고, 언제나 우선은 나 자신이어야 하기 때문입니다. ♪

듣다

"최고의 대화술은 듣는 것이다."
- 스테판 폴란 -

"짜증 나."

동창회에 다녀온 아내가 현관에 들어서자마자 화를 냅니다.

"왜, 무슨 일 있었어?"

"동창들은 모두 동창회가 다들 자기 자랑하러 나오는 장소인 줄 아나 봐. 남편이 어떻고, 자식들이 어떻고….."

"당신도 하지 그랬어?"

"자랑할 건 있고? 그건 그렇다 치고 도대체 자기 말만 하고 남의 얘길 듣질 않아. 내가 무슨 말을 하려고 해도 자꾸 말을 끊고….."

"그럼 당신이 다른 사람의 얘기를 잘 들어주면 되지 않을까?"

"아이고, 천사님 나셨네요. 내가 남의 이야기를 들어주려면 왜 동창회를 나가. 차라리 강연회에 가지."

"……"

"당신, 지금 내 얘길 듣고 있는 거야?"

"……"

대화의 기본은 '이해'입니다. 우선 상대방이 어떤 말을 하는지를 이해해야만 대화를 이어나갈 수 있습니다. 이해가 전제되어야만 소통이 이뤄집니다. 상대방의 말을 이해하는 가장 기본적인 제스처는 나의 귀를 상대방 쪽으로 기울이는 것입니다. 그래야만 상대방의 말을 들을 수 있고 귀에 담을 수 있습니다. 내가 하는 말과 상대방이 하는 말이 어느 한쪽에 담기지 않으면 대화 자체가 불가능해집니다. 따라서 상대방에게 나의 생각을 전달하고 말하는 목적을 달성하기 위해서는 '말하는 것'보다 '듣는 것'이 앞서야 합니다.

또한 내가 말을 하고 있을 때는 아무것도 들을 수 없기 때문에 그 어떤 것도 배울 수 없지만 내가 듣고 있을 때는 귀가 열려 있기 때문에 많은 것을 배울 수 있습니다. 즉, 내가 말을 하고 있을 때는 내가 이미 알고 있는 것만을 이야기하게 되지만 내가 듣고 있을 때는 내가 미처 몰랐던 새로운 것을 배우게 되는 것입니다.

입이 화근인 경우는 있어도 귀가 화근이 되는 경우는 없습니다.

말을 많이 하게 되면 반드시 실언을 하게 되지만 말을 많이 듣는다고 해서 문제가 되지는 않습니다. 입을 자주 사용하면 귀가 막히게 되는 것은 당연한 이치라고 할 수 있습니다.

나의 이야기를 들어줄 사람을 찾기보다는 내게 이야기를 해 줄 사람을 찾는 데 집중해야 지혜를 얻을 수 있습니다. 자신의 이야기를 들어주어야만 자신의 이야기를 들어주는 사람의 이야기가 궁금해질 것이기 때문입니다.

상대방의 이야기를 충분히, 오랫동안 듣게 되면 결국 그 사람은 좋은 해결책을 알려 주기 마련입니다. 만약 상대방을 설득해야 하는 상황이라면 '인내심을 갖고 들어주는 것'이 가장 현명하고 효율적인 방법입니다.

상대방의 말을 귀담아듣지 않으면 무슨 말을 하는지 이해하지 못할 뿐 아니라 소통에도 문제가 생깁니다. 그리고 무엇보다 상대방의 마음을 열지 못합니다. 상대방의 마음을 열고자 한다면 온몸을 동원해 '나는 당신의 이야기에 관심이 있으며 공감할 준비가 돼 있습니다.'라는 신호를 보내야 합니다.

또한 상대방이 말하는 내용에 대해 되물어야 합니다. 그래야만 상대방이 자신의 말에 집중하고 있다는 사실을 확인할 수 있습니다. 🔔

속도

"진정으로 귀중한 것은 생각하고 보는 것이지 속도가 아니다."
- 알랭 드 보통, '여행의 기술'-

'어? 이 시간에 왜 깨어 있는 사람이 많지?'

어쩌다 새벽에 잠이 깨 운동이나 해볼 요량으로 집 밖으로 나가 보면 우유를 배달하는 사람, 청과물시장에서 사온 과일을 매대에 진열하는 사람, 가게 앞을 청소하면서 손님을 맞을 준비를 하는 사람 등 생각보다 많은 사람이 바삐 움직이고 있는 모습을 볼 수 있습니다. 남들은 아직 꿈나라에 있을 것이라는 예상이 여지없이 무너지는 순간이지요.

내가 걸어가고 있는 속도가 빠르다고 생각하며 살았는데 언제나 그렇듯 세상은 나보다 저만치 앞서가고 있습니다. 세상의 속도에 맞춰 살아가는 일은 그리 녹록지 않은 것 같습니다.

● 경기도 화성시 南陽聖母聖地 대성당의 전경─2024.10.09

　남들 다 하는 SNS도 해야 하고, 밴드에도 가입해 다른 사람들과 소통도 해야 하고, 음식 배달 앱을 이용해 끼니도 해결할 수 있어야 하고, 핸드폰 속 인공지능에게 전화를 걸어달라고 부탁도 할 수 있어야 합니다. 만에 하나 잘 몰라서 헤매거나 주변 사람들에게 물어보기라도 하면 뜨악하게 쳐다봅니다.

　서점의 신간 서적만 보더라도 온통 세상에 빨리 변화하라는 이야기뿐입니다. 마치 변하지 않으면 낙오자가 될 것처럼 말이지요. 이런 종류의 책을 읽으면 괜스레 초조해집니다.

　'남들은 뛰어가고 있는데 나만 이렇게 걷고 있는 걸까?

　세상의 속도에 나의 속도를 맞춰야만 행복한 걸까요? 나는 나대로의 리듬이 있는데···. 그래서 그 리듬에 맞춰 살고 있는데···. 세상이 변하는 속도가 뭐가 대수라고···.

우리는 때가 되면 졸업을 하고, 때가 되면 취업을 하고, 때가 되면 결혼을 하고, 때가 되면 아이를 낳고, 때가 되면 죽음을 맞이합니다. 그런데 이 '때'라는 것이 누가 정해 놓은 것이 아니라는 데 문제가 있습니다. 누가 정해준 것이 아닌데도 괜히 그때가 되면 조바심을 냅니다. 남들이 사는 속도에 맞춰 살다 보면 자신이 어느 정도의 속도로 살아가야 하는지를 망각하게 됩니다. 세상의 속도에 휩쓸려 살아가게 되는 것이지요.

방탄소년단이 아무리 유명하다 한들 내가 좋아하는 노래는 따로 있고, 방탄소년단의 최신 노래를 모른다고 해서 손가락질을 받아선 안 되듯이 나만의 신체 리듬, 생각 리듬에 맞춰 뚜벅뚜벅 걸어가는 것이 세상을 잘사는 방법이라 생각합니다.

설사 '나는 뛰어가는데 너는 왜 걸어가느냐?'라고 묻는 사람이 있더라도 담담하게 나의 속도에 맞게 천천히 발걸음을 옮기면 됩니다. 나의 속도를 보고 답답해하더라도 내가 상관할 바가 아닙니다. 내가 조금 늦게 걸어간다고 해서 세상을 거꾸로 산다거나, 불행하게 산다거나, 잘못 살고 있는 건 분명 아닐 테니까요. 🔔

굳이

"왜 굳이 의미를 찾으려 하는가?
인생은 욕망이지 의미가 아니다."
- 찰리 채플린 -

영화 〈머니볼〉에서는 다음과 같은 대화가 나옵니다.

코치 : "마음을 가라앉히고 차분히 생각해 보세요."

감독 : "그래. 내가 뭘 생각해야 하지?"

코치 : "이걸 뭐라고 설명할 거죠?"

감독 : "그걸 왜 걱정해야 돼?"

코치 : "페냐는 올스타감이에요. 페냐를 트레이드하고 해티버그를 선발하는 이유를 구단에 어떻게 설명해야 하죠? 만약 해티버그의 성적이 좋지 않으면 구단은 당신을 해고할 거예요."

감독 : "자네 말이 맞아. 해고될 수도 있지. 그런데 우리가 고민해야 할 문제는 이 방법을 믿느냐이지 구단에 어떻게 설명해야 하

는지가 아니야."

　코치 : "전 믿어요."

　감독 : "그럼, 우리의 방식을 굳이 남에게 설명하려고 하지 마. 그 누구에게든."

　사람은 나름대로 살아가는 방식이 있습니다. 옳든, 그르든 자신이 옳다고 믿었기 때문에 이 방식을 선택한 것입니다. 내 삶의 방식을 다른 사람에게 설명하고자 하는 것은 그에 대한 확신이 서지 않았기 때문입니다.

　사람은 쉽게 바뀌지 않습니다. 나도 바뀌지 않고 남도 바뀌지 않지요. 나의 말과 행동으로 남의 생각을 바꾸려 한다는 것 자체가 어불성설입니다. 따라서 굳이 이해시킬 필요도 없고 내 에너지를 써가면서 싸울 필요도 없지요. 내가 모든 사람의 친구가 될 수 없듯이 모든 사람을 내 친구로 만들 필요도 없습니다.

　인생에는 정답이 없습니다. 그런데도 사람들은 '인생이란 무엇일까?'라는 문제를 상정해 놓고 그 답을 찾는 데 많은 시간을 허비하고 있습니다. 답을 찾기 위해 노력하는 동안 아까운 시간만 흘러갑니다. 처음부터 잘못된 질문을 던져 놓고 답을 찾으려고 하는 셈이지요. 모든 것에서 의미를 찾으려 하지 않는 것이 인생을 그나마 편안하게 살아가는 지혜인지도 모르겠습니다. ♩

답다

"세상에서 가장 아름답고 소중한 것은 보이거나 만져지지 않는다.
단지 가슴으로만 느낄 수 있다."
- 헬렌 켈러 -

　젊었을 때 그렇지 않았던 것 같은데 나이가 들수록 텔레비전 드라마가 좋아지고 어쩌다 가슴 절절한 장면이 나오면 뜬금없이 눈물이 흐릅니다. 그 모습을 본 아내가 혀를 차며 말합니다.

　"뭐야, 이 찌질한 모습은? 남자 맞아?"

　남자는 눈물을 흘리지 말아야 한다는 법도 없거니와 나의 감정을 이해해 주지 못하는 아내가 야속하기만 합니다.
　이 세상에는 딱히 정답이 없는데도 마치 정답이 있는 것처럼 남에게 강요하는 것들이 많습니다. 그중 하나가 '~답다.'라는 말이지요. 어찌 보면 이 말이 세상에서 가장 폭력적인 말이기도 합니다.

'남자답다',
'여자답다',
'학생답다',
'교사답다'….

딱히 매뉴얼이 있는 것이 아닌 데도 일정한 프레임을 정해 놓고 그대로 따르기를 강요합니다. 만약 그 프레임에 맞는 행동을 하지 않으면 이상한 눈으로 쳐다보고요.

'~답다.'는 것에는 명확한 기준이 없습니다. 그저 세상 사람들이 정해 놓은 것일 뿐이지요. 내가 정한 룰도 지키기 어려운데 하물며 누가 정해 놓은지도 모를 매뉴얼대로 산다는 건 참으로 무의미한 일입니다. '~답다.'라는 기준은 자신이 정하는 것입니다.

이 기준에 따라 인생을 자기 페이스대로 끌고 나가는 것입니다. 설사 그 기준이 남의 입방아에 오르내리더라도 그건 내가 상관할 바가 아닙니다.

어찌 보면 '~답다.'라는 말은 '자신이 가장 잘하는 것에 최선을 다하는 것'의 다른 말인지도 모르겠습니다. ♤

슬픔이 내게 손짓할 때

바람이 오면 오는 대로/두었다가 가게 하세요/그리움이 오면/
두었다가 가게 하세요/아픔도 오겠죠/머물러 살겠죠/
살다가 가겠죠.
- 도종환, '바람이 오면'-

　슬픔은 누구에게나 찾아옵니다. 언제 찾아오느냐, 얼마나 자주
찾아오느냐의 차이만 있을 뿐이지요. 그런데 슬픔에 대하는 자세
는 각자 다른 것 같습니다. 누구는 쉽게 이겨내고 일상으로 돌아
오는 반면, 누구는 슬픔에 빠져 오랫동안 헤어 나오지 못합니다.

　모든 감정이 그러하듯 슬픔도 오래 가지 않습니다. 그 어떤 슬
픔도 세월 앞에선 희미해지고, 무뎌지고, 퇴색됩니다. 잠깐 머물
다 가는 슬픔에게 온 마음을 빼앗겨선 안 됩니다.

　설사 생각보다 오래 머문다 하더라도 언젠가 내 곁에서 떠나갈
것이란 믿음을 버려선 안 됩니다. 더 이상의 슬픔은 없는 듯, 슬픔
을 자신만이 겪고 있는 듯, 슬픔이 영원할 것인 듯 착각하는 것은

● 부산 송도 암남공원의 어부와 인용(人龍)의 사랑 전설이 전해온다!-2020.11.27

참으로 바보 같은짓 입니다.

슬픔이 언제 시작됐는지, 언제 끝을 보일지는 모르지만 힘들어 한다고 해서 슬픔이 없어지는 것도 아니고, 가벼워지는 것은 더욱 아닙니다.

슬픔을 마주했을 땐 피하지 말고 담담하게 받아들여야 합니다. 슬픔은 내 곁에 오래전부터 살고 있고, 영원히 내 곁에 머문다는 사실을 받아들여야 합니다. 슬픔이 나에게 손짓할 땐 외면하려 애쓰지 말고 그 중심으로 걸어 들어가야 합니다. 외면하려 할수록 슬픔은 점점 더 당신을 옥죄어 올 것입니다.

이제 슬픔을 안고 그곳에서 다시 시작하세요. 기쁨은 슬픔이 있어야 빛이 나는 법이니까요. 🔔

평범하게 산다는 건

"모두에게는 저만의 평범함이라는 게 있어서
이 세상의 사람 수만큼 평범함이 있는 거예요."
- 개구리 중사 케로로 -

나는 어렸을 때 남들과 다른 특별한 삶을 살고 싶었습니다. 남들과 다른 삶이 뭔지도 정확히 모르면서 말이지요. 지금 생각해 보면 단지 '평범'이라는 말이 싫어서였을 것으로 추측합니다.

가끔 어른들의 입에서 "평범하게 사는 것이 좋은 거야."라는 말을 들으면 '특별하게 살지 못하는 사람들의 자기 위안'쯤으로만 받아들였습니다.

그런데 나이를 하나둘 먹고 보니 내 주변의 사람들과 크게 다르지 않은 삶을 산다는 것이 가장 쉬운 일이 아니라 어려운 일이라는 것을 깨달았습니다.

● 일본 대마도 나제키세토 운하, 대마도는 원래 하나의 섬이었으나 1900년 러일전쟁을 준비
하는 과정에서 아소만(灣)에 있는 군함을 대마도 동쪽으로 이동시키기 위해 이 운하(運河)
를 파고 개통했다-2013.06.08

평범하게 산다는 건 좋은 걸까요, 나쁜 걸까요? 사람들은 대부분 평범한 삶을 벗어나고 싶어하면서도 어쩌다 일상에서 벗어나는 일이 생기면 평범한 삶을 그리워합니다. 평소 여행을 간절히 원하면서도 막상 여행을 떠나면 다시 집으로 돌아오고 싶은 마음이 드는 것과 같다고 할 수도 있지요.

평범하다는 건 항상 해오던 것들, 항상 내 주변에 있던 것들을 말합니다. 평범하기 때문에 소중하다는 것을 모르고 그냥 지나가기 쉽지요.

TV 드라마 '청춘시대'의 주인공 중 한 명인 '윤진명'은 남들이 다 하는 평범한 것조차 하기 힘들 정도로 힘든 삶을 살고 있었습니다. 그에게는 남들이 다 하는 여행, 외식, 사랑 등이 모두 사치일 뿐이었지요. 그런 그가 바라는 것은 오직 회사원이 되는 것이었습니다.

그저 회사원이 돼서 남들만큼 평범해지고 싶은 것이 꿈이자 목표였습니다. 그가 평범해지고 싶어 노력하는 모습 뒤로 다음과 같은 내레이션이 흐릅니다.

"특별한 것을 동경하던 때가 있었다. 나는 특별한 운명을 타고 났다고, 남다른 삶을 살 거라 믿었다. 죽어도 평범해지진 않을 거라 다짐했다. 평범하다는 것은 흔한 것. 평범하다는 것은 눈에 띄지 않는 것, 평범하다는 것은 지루하다는 의미였다. 그때의 나에게 평범하다는 것은 모욕이었다. 하지만 난 회사원이 될 거야. 죽을 만큼 노력해서 평범해질 거야."

등하굣길 학생들의 재잘거림, 주말이면 넘쳐나던 공원의 인파, 맛집에서 볼 수 있었던 기나긴 행렬….
평범함이 이토록 그리워질 줄은 정말 몰랐습니다. ♤

별일

"너무 잘하지 않아도 별일 일어나지 않는다. …(중략)…
재밌고 신나게 오늘을 산다면 그게 바로 위대한 성공인 것을…."
- 아무것도 하지 않을 권리 -

하루하루 별일 없이 산다는 건 어떤 의미일까요? 별일 없이 산다는 건 '지루함'이나 '무의미함'일 수도 있지만, 어찌 보면 '행복'일 수도 있습니다.

젊었을 땐 즐거운 일이나 자극적인 것을 원하지만 나이가 들면 그냥 별일 없이 하루하루 사는 것이 소중하게 느껴지게 마련입니다. 즐거운 일이든, 슬픈 일이든 어떤 일이 일어난다는 건 내 기분과는 상관없이 몸과 마음을 지치게 하기 때문이지요.

누구나 세상 풍파는 겪기 마련입니다. 사고나 질병 등에서 자유로운 사람은 아무도 없습니다. 이 엄연한 사실 앞에서 그냥 별일

●대만 ~지우펀 옛거리 해안공원-2025.03.20

없이 산다는 것이 얼마나 행복하고 멋진 일인지 느껴보지 않은 사람은 알지 못합니다.

아침에 눈을 떴을 때 오늘 하루 기쁘고 좋은 일이 일어나길 바라는 것보다 아무런 일도 일어나지 않길 바라는 것이 이 세상을 현명하게 살아가는 방법인 것 같습니다.

대단하지 않은 하루가 지나고 또 별거 아닌 하루가 온다 해도 인생은 살 가치가 있습니다.

당신에게 아무런 일이 일어나지 않는 하루하루가 계속 이어지길 바랍니다. ♩

굳은살

"고만고만한 인생 안에도 때에 따라 반짝반짝 떠다니는 것이 있다."
- tvN 드라마 '이번 생은 처음이라'-

감수성이 풍부한 시절에는 일상의 모든 경험이 새롭게 느껴지고 머릿속에 쉽게 각인됩니다. 따라서 이 시절에 경험한 것들은 인생에 많은 영향을 미치게 되지요.

이렇게 느껴지던 감정들이 어느 순간부터 하찮게 느껴집니다. '예전에는 분명 좋게 느껴졌는데, 지금 보니 별로 좋은지 모르겠네.' 하는 생각이 들기도 합니다. 익숙해진 것일 수도, 감정이 메마른 것일 수도 있겠지요. 이때가 바로 마음에 '굳은살'이 생기는 순간입니다.

굳은살은 외부 자극에 의해 생기기도 하지만 스스로 만들어내

● 중국 저장성 사오싱시 루쉰 생가 부근의 가암관광특별구역 호수 석상– 2017.10.31

기도 합니다. 굳은살은 상처와 고통이 클수록 굳은살은 더욱 딱딱해집니다. 웬만한 자극에도 버틸 수 있지요.

굳은살이 생기면 삶이 편해집니다. 남에게 상처를 받더라도 쉽게 툴툴 털어낼 수 있게 됩니다. 하지만 마음에 굳은살이 생기면 고통에 강해지는 대신 감수성이 약해집니다.

마음의 굳은살이 많아질수록 무감각해지고 무덤덤해집니다. 젊었을 때는 사소한 감정에도 흔들렸지만 나이가 먹어 굳은살이 생기고 나면 '이래도 한세상, 저래도 한세상'이라는 마음이 저절로 생기게 되지요.

굳은살이 생기고, 안 생기고는 인력으로 되는 것이 아닐뿐더러 시간이 지나면 감정이 쌓이고 쌓여 자연스럽게 만들어지는 것이긴 하지만 적어도 '굳은살'이 '감정의 메마름'과는 동의어가 되는 일은 없어야겠습니다. 삶에 윤기가 흐르진 못할망정 메마른 사막이 되는 것은 분명 서글픈 일이니까요.

한 가지 바라는 것이 있다면 사람과 사람 사이에서 생기는 마찰에도 굳은살이 생겼으면 하는 것입니다. 사람의 마음속에 굳은살이 생기면 인간관계 속에서 생긴 크고 작은 상처 때문에 매번 힘들어하지 않아도 될 텐데 말이지요. ♩

너니까 말해 주는 건데

"생각을 조심해라, 말이 된다. 말을 조심해라, 행동이 된다.
행동을 조심해라, 습관이 된다. 습관을 조심해라, 성격이 된다.
성격을 조심해라, 운명이 된다. 우리는 생각하는 대로 된다."
- 마가렛 대처 -

"자! 받아, 나와 친하니까 특별히 주는 거야."

우리 주변에는 감정을 교류하지 않은 채 상대방을 오직 자신의 감정을 '배설'하는 도구로 삼는 사람들이 있습니다. 이들은 보통 "너니까 말해 주는 건데…."라며 접근해서 나와는 상관없는 자신의 감정을 쏟아놓습니다. 그리고는 자신의 말에 무조건 공감해 주길 바랍니다. 자기편을 들어달라는 일종의 제스처라고 할 수 있지요.

이들은 대개 남의 고민 따위에는 관심이 없습니다. 자신이 이 세상에서 가장 힘들다고 생각하기 때문에 남의 고민을 하찮게 여기는 것입니다. 또한 자신이 힘들었던 일만 이야기하고 즐겁거나

● 해가 지지 않는 대영제국 수도인 런던의 시내 크리스마스 풍경~!-2013.10.22

행복했던 일은 이야기하지 않을 뿐 아니라 평소에는 연락을 하지 않다가 자신이 필요할 때만 뜬금없이 전화를 해서 만나자고 합니다.

이런 사람들과 함께 지내다 보면 어느 순간 자신이 상대방의 감정을 받아 주는 존재라는 생각을 하게 되지요. 내 감정도 추스르기 힘든 마당에 남의 감정까지 신경을 써야 하니 이것만큼 힘든 일도 없습니다. 남의 이야기에 공감해 주다 보면 나와 상관없는 일이라도 마치 내가 겪고 있는 것과 같은 기분을 느끼게 되고 급기야 함께 흥분하게 되는 지경에 이르기도 합니다.

자신의 감정을 남에게 말하길 즐기는 사람들은 나에게 남아 있는 긍정 에너지를 빼앗아 갑니다. 내 앞에서 쏟아놓는 감정이 온통 부정적인 일상들뿐이기 때문입니다. 긍정적으로 살아보려고 노력하고 있는 나에게 전혀 도움이 되지 않는 존재이지요.

혹자는 "남의 이야기 좀 들어주는 게 그렇게 힘든 일인가요? 너무 이기적인 것 아니에요?"라고 항변할지도 모릅니다. 만약 이런 생각을 가진 사람이라면 자신은 얼마나 남의 감정에 충실한지 반문해 봐야 합니다.

사람들은 이를 '공감'이라는 말로 포장하길 좋아합니다. 상대방이 자신의 감정에 동조하지 않는다는 느낌이 들면 '공감력이 떨어지는 사람', '나와는 다른 부류의 사람'이라는 프레임을 씌워 멀리하곤 하지요.

자신이 상대방의 감정을 매번 받아내는 것이 상대방과의 거리가 멀어지는 것이 두려워서라면 이러한 굴레를 하루빨리 벗어던져야 합니다. 더 이상 다른 사람의 감정에 휘둘리는 희생양이 되어서는 안 됩니다. 만약 주변에 이런 사람이 있다면 이렇게 말해 보는 것은 어떨까요?

"당신의 감정을 받아 주는 일은 이제 사양할게요. 전 호갱이 아니랍니다." 🔔

사람 사이의 거리

"사람을 대할 때 불을 대하듯 하라.
다가갈 때는 타지 않을 만큼만, 멀어질 때는 얼지 않을 만큼만"
- 디오게네스 -

"이런, 사과를 잘못 골랐네. 짓물러 버렸잖아. 아우, 아까워."

아내가 방금 마트에서 사온 사과 상자를 열면서 혼잣말로 중얼거립니다. 사과를 포장할 때 사과 사이의 간격을 적당히 떨어뜨려 놓았다면 서로 부딪혀 상처가 생기지는 않았겠지요. 사과 사이의 거리가 상처가 생기지 않을 만큼 공간이 넓지 않았기 때문에 양쪽 다 상처가 생긴 것입니다.

사람과 사람 사이에도 이처럼 일종의 '심리적 거리'가 필요합니다. 모든 사람을 내 가까이에 두거나 너무 멀리 두면 문제가 생기기 때문이지요. 누군가에게는 1cm가 필요하고, 누군가에게는 1m

● 지구 반대편 체코 프라하 시내 시청앞 천문시계탑 −2014.09.15

가 필요합니다. 사람 사이에 적정한 거리를 유지하지 않으면 두 사람의 관계가 힘들어집니다. 적당한 거리를 유지하지 못했다는 이유로 한 사람만 상처를 입는다면 그나마 다행이겠지만, 둘 다 상처를 입는 것이 문제라고 할 수 있겠지요.

　인간관계는 엄밀히 말해서 가까운 거리에 두어야 할 사람, 일정한 간격을 유지해야 할 사람을 구분하는 일이라고도 할 수 있습니다. 거리를 둬야 할 사람을 가까운 거리에 두면 감정을 낭비하게 되고, 가까운 거리에 두어야 할 사람을 먼 거리에 두면 정작 필요할 때 도움을 받지 못할 것입니다.

　그런데 간격을 유지하는 것이 힘든 이유는 가까운 사이일수록 거리 계산에 실패하기 쉽기 때문입니다. 특히 부부 사이엔 거리를 두기가 쉽지 않습니다. 하지만 가까운 사이일수록 일정한 거리를 유지해야 서로의 삶이 고달파지지 않습니다. 사람은 누구나 자기만의 공간, 자기만의 세계가 필요하기 때문이지요. 가끔은 혼자 있고 싶을 때도 있고, 혼자 여행을 떠나고 싶은 순간이 있을 수 있다는 것을 떠올려보면 이 말을 쉽게 이해할 수 있을 것입니다.

　평소 자를 들고 일일이 사람 간의 거리를 재지는 못하겠지만, 적어도 가깝게 지낼 사람인지, 멀리 지낼 사람인지, 얼마만큼 가깝게 또는 멀리 지내야 할 사람인지는 판단할 수 있는 혜안은 필요할 것 같습니다. 내 인생은 소중하니까요. ♤

누구냐, 넌

"미친 짓이란 항상 똑같은 일을 되풀이하면서
다른 결과를 기대하는 것이다"
- 아인슈타인 -

　영화 〈올드보이〉의 주인공인 오대수(최민식 분)는 항상 술에 취한 상태로 생활을 하던 사람입니다. 오대수는 항상 "오늘만 대충 수습하며 살자."라는 말을 입버릇처럼 하고 다니죠. 그러던 어느날 술을 마시고 귀가하는 도중 납치를 당해 감금되고 맙니다.

　오대수는 그 이후 15년 동안 독방에 갇혀 군만두만 먹습니다. 어차피 만두만을 줄 생각이었다면 가끔은 찐만두도 주고 물만두도 주었을 법한데 이우진(유지태 분)은 왜 그 긴 세월 동안 군만두만을 제공했을까요? 그 이유는 바로 오대수에게 15년이라는 시간을 빼앗고 싶었기 때문입니다.

매일 비슷한 패턴 속에서 살아가다 보면 자신의 존재를 쉽게 잃어버립니다. 사람은 누구나 환경의 지배를 받기 때문이지요. 인간의 삶에는 무수한 가능성과 다양성이 숨어 있습니다. 따라서 이를 찾아 나서지 않으면 삶이 무료해지고 살아있는 이유조차 망각하게 됩니다.

우리는 어제와 똑같은 오늘을 살면서 오늘이, 미래가 바뀌기를 바랍니다. 오로지 자신에게 익숙한 방식대로만 살아갑니다. '좋은 게 좋은 거지.'라는 말로 위안을 삼습니다. 하지만 인생의 수없이 많은 날을 '어제와 똑같은 나'로 살다 보면 내가 누구인지, 어디로 가고 있는지 길을 잃게 됩니다.

어느 순간 길을 잃게 되면 삶이 무기력해집니다. 이때부터 부정적인 생각들이 머릿속을 하나둘씩 채우기 시작합니다. 굳이 정신병을 떠올리지 않더라도 인생 자체가 우울해집니다.

자신이 현재 이런 상태라면 '전혀 다른 내가 되어 보는 것'이 좋습니다. 다시 말해서 평소 한 번도 상상해 보지 않았던, 상상 속에만 머물러 있었던 내가 되어 보는 것입니다. 이 예상치 못한 일탈이 누군가 갑자기 "누구냐, 넌"하고 물었을 때 스스럼없이 대답할 수 있는 해답을 안겨 줄지 모르니까요. △

오늘을 살자

'내일 학교에 지각하면 어띡하지?'

'교통사고가 나면 어떡하지?'

'시험을 망치면 어떡하지?'

'승진이 안 되면 어떡하지?'

우리는 아침에 일어나 잠자리에 들 때까지 많은 걱정을 껴안고 살아갑니다. 걱정을 하는 대상 또한 한두 가지가 아니죠. 건강 문제, 경제 문제 등 현실적인 것부터 전쟁, 천재지변 등과 같이 예기치 않게 닥치는 일들에 이르기까지 걱정의 대상은 차고 넘칩니다.

사람들은 왜 미래에 일어날 일을 미리 앞당겨서 걱정하는 것일

● 체코 프라하의 봄 그리고 체스키크롬로프 성!-2014.09.14

까요? 아마도 '미리 걱정을 해두면 막상 문제가 발생했을 때 조금이라도 덜 힘들지 않을까' 하는 생각 때문이겠지요. 마치 폐병을 걱정하며 병원에 갔는데 독감이라는 말을 들으면 상대적으로 안심이 되는 것처럼 일종의 안도감을 느끼기 위해 미리 걱정을 해두는 것입니다.

아직 일어나지 않은 일을 미리 걱정하는 건 전쟁이 일어날까 두려워 당장 쓰지 않을 물건을 대량으로 사놓는 것과 같습니다.

진짜 전쟁이 일어났을 때 미리 사놓은 자신의 행동에 뿌듯해하는 모습을 상상하면서 말이지요.

걱정도 자주 하다 보면 습관이 됩니다. 걱정이 습관이 되면 머릿속은 온통 '걱정'으로 가득차게 됩니다. 공연은 아직 시작되지 않았는데 주구장창 리허설만 거듭하는 꼴이 되고 말지요.

걱정을 하는 사람은 대개 최악의 상황을 먼저 고려합니다. 일단 최악의 상황을 고려해 놓아야만 나중에 실제로 문제가 발생하고 별일이 아니라는 사실을 알게 됐을 때 느끼는 안도감이 커지기 때문이지요.

평소 자신이 어떤 걱정을 하며 살고 있는지 들여다보고 일어날 확률이 낮은 최악의 경우를 떠올리고 있지는 않은지, 그 걱정이 내가 쓴 각본대로 쓰인 것인지 점검해 봐야 합니다.

아직 오지 않은 미래에 발목을 붙잡혀 현재의 삶을 소비하고 있는 것처럼 허무한 일은 없습니다. 걱정의 노예로 사는 것보다는 오늘의 주인이 되어 사는 것이 더 현명합니다. 현재의 삶은 미래의 삶보다 중요하니까요. 🔔

왜 나만 불행할까?

"누구나 돌아가고 싶은 순간이 있다.
그땐 행복인 줄 몰랐던 것들이 지나고 나서 행복이란 걸 알아버렸다.
그래서 너무 돌아가고 싶다.
다시 그 순간을 행복하게 지낼 수 있다면 얼마나 좋을까?"
- 영화 <어바웃타임> -

이 세상에는 자기가 원치 않는 일을 겪게 됐을 때 이를 '불운'이라 여기는 사람이 있는 반면, 단순한 '해프닝'으로 여기는 사람도 있습니다. 불행은 언제든, 어디서든, 어느 누구에게든 함께합니다. 불행이라고 생각하면 진짜 불행이 되고 해프닝이라고 생각하면 그냥 지나가는 일 중 하나가 됩니다. 온전히 자신의 생각에 따라 결정되는 것이지요.

남들보다 많은 것을 가졌는데도 불행하다고 느끼면 불행해지고 적은 것을 가졌는데도 행복하다고 느끼면 행복해집니다. 그게 바로 세상의 이치입니다.

행복과 불행은 대개 남과 비교하는 것에서 비롯됩니다. 나의 행복지수를 남의 잣대로 측정하는 것이지요. 내가 느끼는 행복이 크든 작든, 가진 것이 많든 적든 남과 비교할 때는 작게 느껴지는 법입니다. 인간의 심리상 적어도 자기보다 못한 사람과 비교하지는 않을 것이고 남과 비교한다는 자체에는 자기 자신이 가진 것을 평가절하하려는 의도가 깔려 있는 것이니까요.

남이 가진 것이 내가 가진 것보다 나을 수는 있습니다. 남이 나보다 가진 것이 많다면 내가 남보다 더 가진 것이 분명히 있을 것입니다. 내가 가진 것을 보지 못하고 자꾸만 남과 비교하면 불행이라는 반갑지 않은 손님이 문을 두드릴 것입니다.

행복과 불행의 시작과 끝에는 오직 '나'만 존재할 뿐입니다. 이 명백한 사실 앞에서 누가 누굴 원망 하겠습니까?

우리 주변에는 실제로 남들과 가진 것이 비슷한데도 자신이 불행한 삶을 살고 있다고 느끼는 사람들이 많습니다. 그런 사람들의 공통점은 마음먹기에 따라 충분히 행복해질 수 있는데도 기를 쓰면서 자신이 불행한 이유를 찾는다는 것입니다.

인생은 운명대로 살아지는 것이라 믿고 살아가더라도 중간중간 뒤를 돌아보면 늘 바로잡을 기회가 한 번쯤은 있었다는 사실을 깨닫게 됩니다.

'비교'라는 함정에 빠져 자신이 행복하다는 사실을 깨닫지 못하고 사는 우를 더 이상 되풀이 하지 말아야 겠습니다. ⌂

당신 잘못이 아니야

"벗어나지 못했던 당신이 잘못하지 않았어요.
벗어나지 못하게 당신을 묶어 놓은 그 사람이 잘못했어요."
- 영화 <굿 윌 헌팅> -

〈굿 윌 헌팅〉은 수학, 법학, 역사학 등 모든 분야에 재능이 있지만 어린 시절 받은 상처로 인해 트라우마를 안고 살아가는 불우한 반항아 윌(맷 데이먼 분)이 심리학 교수인 '숀'(로빈 윌리엄스 분)의 도움을 받아 마음을 치유해 나가는 과정을 그린 영화입니다. '숀'이 마음의 상처를 입은 윌에게 건넨 한 마디는 바로 "윌, 네 잘못이 아니야."였습니다. 왜 이 단순한 한 마디가 오랜 세월 꽁꽁 얼어붙어 있던 윌의 마음을 움직일 수 있었던 것일까요?

우리 주변에는 참으로 안타까운 사연들이 많습니다. 이들의 사연을 듣다 보면 다음과 같은 생각을 하게 됩니다.

'어쩌다 저런 집안에 태어났을까?

'어쩌다 저런 부모를 만나게 됐을까?'

이러저러한 불행을 겪으면서도 "모든 것은 제 잘못"이라고 말하는 사람을 보면 마음이 숙연해집니다. 자신을 불행하게 만든 사람, 불행하게 만든 온갖 상황들에 비난의 화살을 돌리지 않고 모든 잘못을 자기 탓이라 여기는 이유는 겸손해서라기보다 자기 자신을 사랑하지 않기 때문입니다.

우리는 "남을 괴롭히지 말아라."라는 말만 들어왔을 뿐, "자신을 괴롭히지 말아라."라는 말을 듣고 자라지 못했습니다. 자신을 사랑하는 법을 먼저 알아야 남을 사랑하는 법도 알 수 있을 것인데, 남을 괴롭히지 않는 방법부터 배우라고 강요당해온 것입니다.

마음을 꾹꾹 눌러 참지만 말고, 괜찮지 않은데 괜찮은 척하지 말고 아프면 아프다고 말할 수 있어야 합니다. 아물지 않는 상처는 없는 법이니까요.

자신을 아프게 한 것은 자기 자신입니다. 병에 걸리면 의사를 찾아가면 되지만, 자신의 마음이 아프면 어떻게 해야 할까요? 지금 당장 모든 것이 자기 잘못이라고 말하는 자신에게 외쳐보시길 바랍니다.

"괜찮아, 네 잘못이 아니야." △

비참해지려 애쓰는 것

"지금이 제일 비참하다고 할 수 있는 동안은
아직 제일 비참한 게 아니다."
- 윌리엄 셰익스피어 -

인스타그램은 많은 사람이 이용하는 온라인 사진 공유 및 소셜 네트워크 서비스입니다. 사람들은 이 SNS를 통해 타인의 어떻게 사는지를 들여다보고 서로의 느낌을 공유합니다.

그런데 왜 사람들은 다른 사람의 삶을 궁금해하는 것일까요? 인스타그램에 올라오는 사진들이 모두 그 사람의 실제 삶을 나타내는 것이 아니라는 사실을 알면서도 말이죠. 더욱 심각한 문제는 그 사진을 보면서 자신의 초라함을 절감하게 된다는 것입니다.

인스타그램에는 각종 유명 휴양지에서 휴가를 즐기는 사람, 명품, 슈퍼카 등을 이용해 자신의 부를 과시하는 사람, 비싼 음식을 앞에 놓고 즐거워하는 사람들이 넘쳐납니다. 편의점에서 삼각김

● 캄보디아 전통 민속촌 현지인의 민속공연~!–2015.11.03

밥과 사발면으로 식사를 해결하는 사람들의 입장에서는 부러울 따름입니다. 이 사진들을 보고 있노라면 조금 전까지 맛있게 먹었던 삼각김밥과 사발면이 초라하게 느껴집니다.

사람들은 누가 권하지도 않았는데 매일매일 기를 쓰고 이들의 사진을 들여다봅니다. 사람들은 왜 다른 사람의 삶을 궁금해 하는 것일까요? 그리고 타인의 삶을 보면서 어떤 생각을 할까요?

스마트폰이 없었더라면 결코 알지 못했을 이들의 완벽해 보이는 삶은 보는 이의 호기심을 자극하기에 충분합니다. 사람으로 태어나 한 번쯤 경험해 보고 싶은 신세계이기도 하지요. 하지만 타인의 삶과 나의 삶과 비교하는 것만큼 자신을 비참하게 만드는 방법이 또 있을까요?

몇 장의 사진으로 표현되는 그들의 삶보다 우리에겐 우리의 삶이 더 소중합니다. 자신의 삶에 만족하지는 못할 망정 비참해지려 노력하지는 말아야 합니다. 이 세상에서 자신이 가진 것을 무가치하게 여기는 것만큼 한심한 일은 없으니까요.

SNS를 탐닉하는 것은 타인에 대한 호기심을 충족시키기 위해 상대적 박탈감이라는 비싼 비용을 지불하는 행위입니다.

타인의 삶을 들여다볼 에너지를 자신의 삶을 들여다보는 데 사용한다면 자신의 삶이 조금은 더 소중하게 느껴지지 않을까요? ♫

때론 아무 말도 하지 않는 것도

울지 마/네가 울면 아무것도 할 수가 없어/
작은 위로의 말이라도 해 주고 싶지만/세상이 원래
그런 거라는 말은 할 수가 없고/…(후략)…
- 브로콜리 너마저, '울지마' 노래 가사 중 -

"힘들어 죽겠어."

"괜찮아, 잘될 거야."

"네가 뭘 안다고 그래."

"조금 지나면 괜찮아질 거야. 별거 아니야."

"…"

다른 사람을 위로한다는 건 너무 어려운 일인 것 같습니다. 상
대방이 괴로워할 때 무슨 말을 어떻게 해야 할지 알고 있는 경우
보다는 잘 모르고 있는 경우가 많기 때문이지요. 설사 알고 있다
고 해도 그 위로의 말이 상대방에게 위로가 될른지도 알 수 없습

● 이탈리아—로마 빅토리아 에마누엘 2세 기념관 "진실의 입" —2013.11.23

니다. 자칫 섣부른 위로가 상대방의 마음을 다치게 할 수도 있습
니다.

결혼을 앞두고 파혼한 친구에게 "그래도 결혼까진 안 가고 이쯤에서 헤어진게 얼마나 다행이야."라고 말한다거나, 아이가 없는 상태로 이혼한 동료에게 "이혼을 한 건 안타깝지만, 아이가 없어서 천만다행 이야."라고 말한다거나, 암 투병 중인 지인의 병실에 찾아가 "저희 어머님도 암에 걸리셔서 작년에 돌아가셨어요."라고 말하는 것이 과연 그 사람을 위한 위로일까요? 이와 같은 위로는 위로하지 않은 것만 못한 결과를 초래합니다.

마음 아파하는 상대방에게 "난 당신의 아픔을 모두 이해해."라고 말하는 것은 거짓말이고, 슬퍼서 우는 사람에게 울지 말라고 하는 것은 너무 무리한 요구입니다. 또한 "모두 잘될 거야."라고 말하는 것도 무책임한 것입니다.
나에게 상대방의 마음을 헤아릴 수 있는 능력이 있어서 빈말이 아닌 실질적인 위로를 건넬 수 있다면 좋으련만, 이는 현실적으로 불가능한 일입니다.

애초에 말로써 사람을 위로한다는 건 말도 안 되는 생각일지도 모릅니다. 무슨 말을 해야 할지 모르겠다면 그냥 옆에 있어만 주는 것도 위로의 방법이 아닐런지요. 🔔

나는 조금이라도 나아지고 있을까

> "나는 날마다 모든 면에서 점점 나아지고 있다.
> 한동안 이 말을 믿고 지내보라.
> 그러면 진짜 그렇게 되는 경험을 할 것이다."
> - 마크앨런 -

'손톱이 그새 많이 자랐네.'

자라난 손톱을 깎으면서 문득, '난 이 손톱이 자라나는 만큼이라도 성장하고 있는 걸까?'라는 생각을 했습니다.

나는 어제보다 나아졌을까?

나는 저번 주보다 나아졌을까?

나는 작년보다 나아졌을까?

'내가 조금씩이라도 성장하는 모습을 눈으로 바라볼 수 있다면 지금의 나는 과거의 나보다 나은 모습일 텐데…. 내가 성장하는 모습을 눈으로 볼 수 없다면 내가 매일 성장하고 있노라고 생각하며 사는 건 어떨까? 생각하는 대로 된다는 말이 맞다면 조금씩은,

● 이탈리아-로마(ROMA) 제국의 콜로세움 경기장!-2013.11.23

아주 조금씩은 성장할 수 있지 않을까?'

　매일 똑같은 하루를 살아도 어제보다 나은 삶을 살았노라 생각하고 오늘 하루가 평범했더라도 내일은 특별한 일이 생길 거라는 기대를 하고 산다면 오늘이, 그리고 내일이 지금보단 나아지지 않을까요? 한 발자국이라도, 아니 반 발자국이라도 앞으로 나아가는 자신의 모습을 발견한다면 적어도 삶에 지쳐 허우적 대지는 않을 테니까요.

　생각은 행동을 지배한다고 합니다. 실제론 그렇지 않더라도 내가 매일 나아지고 있다고 생각하면 아무것도 하지 않고도, 아무런 노력을 기울이지 않고도 조금씩 나아지는 기적을 만들 수 있을 겁니다. 나는 매일매일 나아지려 합니다. 아니 그러고 싶습니다. 여러분도 그러길 바랍니다. ♩

마음의 빛

손해를 보더라도 친절하게 살자/상처를 받더라도
정직하게 마음을 열고 살자/…(중략)…/우리의 삶은 사람을
상대하기 보다 하늘을 상대로 하는 것/우리의 일은
세상의 빛을 보기보다 내 안의 빛을 찾는 것
- 박노해, '참사람이 사는 법'-

'내년엔 담배를 끊어야지.'

'담달부턴 운동을 해야지.'

'내일부터 다이어트를 시작해야지.'

다짐과 실패를 거듭하면서 만신창이가 된 나를 발견합니다.

'나는 이것밖에 안 되는 인간이었나 봐. 뭐 하나 제대로 하는 것
이 없는….'

저는 인생에 공수표만 날리고 살았습니다. 매번 갚겠다는 약속
만 해대면서 결국은 한푼도 제대로 갚질 못했습니다. 이 마음의
빚도 회생 제도를 통해 변제받을 수 있다면 지금 당장이라도 신청

● 캄보디아 앙코르 톰 유적군 바이욘사원 내 조형물~!–2015.11.02

하고 싶은 심정입니다.

　따지고 보면 이 세상에 '빚'이 없는 사람은 없습니다. 돈으로 진 빚만 빚이 아니지요. 부모에게 효도해야 하는 것, 자식을 올바르게 키워야 하는 것, 자신의 사회적 역할을 충실히 해나가는 것도 일종의 '마음의 빚'입니다.

　돈으로 진 빚만 갚아야 하는 것이 아니고 마음으로 진 빚도 갚아야 합니다. 마음으로 진 빚은 돈으로 진 빚보다 중요합니다. 돈으로 진 빚이야 열심히 일해서 갚으면 되지만 마음으로 진 빚을 갚지 않으면 마음이 무겁습니다.

　마음의 빚은 인생을 살면서 반드시 제출해야 하는 '숙제'와도 같습니다. 언제 제출해야 하는지는 사람마다 다르긴 하지만, 제때 내지 않으면 십중팔구 '부모 노릇을 못 한다.', '나잇값을 못 한다.', '자릿값을 못 한다."라는 소리를 듣게 됩니다.

　마음의 빚은 세상을 살아가는 힘이 되기도 합니다. 각자에게 주어진 빚이 없었다면 무책임이 판을 치는 세상이 되었을 테니까요.
　오늘도 가정에서, 직장에서 마음의 빚을 갚고 있는 여러분을 응원합니다. △

불편함도 함께하는 것

"사람들이 쾌감이라고 부르는 것은 정말 묘하다는 생각이 든다네.
쾌감은 그 반대인 것으로 보이는 고통과 아주 기묘하게
연관돼 있지. …(중략)… 사람이 둘 중 어느 하나를 쫓아가서
붙잡으면, 다른 한쪽도 거의 언제나 붙잡게 된다네.
마치 이 둘은 하나의 머리를 가진 두 개의 몸처럼 말이야."
- 소크라테스 -

#1

"결혼을 왜 하셨죠?"

"제 남편(아내)은 제가 갖고 있지 않은 면을 가졌어요. 그 점이
맘에 들어 결혼했어요."

#2

"이혼 소식을 들었어요, 그런데 왜 이혼을 하시는 거죠?"

"제 남편(아내)은 저와 너무 달라요. 그래서 헤어지는 거예요."

언제는 나와 달라서 좋다더니 나중에는 나와 달라서 싫다고 하

네요. 참 아이러니한 일이 아닐 수 없습니다.

　세상은 동전의 양면과 같다고 할 수 있습니다. 한쪽 면에 좋음이 있으면 다른 쪽 면에는 나쁨이 있고, 편함이 있으면 나쁨이 있지요. 편함과 더 편하게 느껴지는 이유는 불편함이 있기 때문이고 불편함이 더 불편하게 느껴지는 이유는 편함이 있기 때문입니다.

　내가 공원의 벤치에 편하게 앉아 있다면 다리가 아파 쉬고 있는 사람은 그 벤치에 앉아 쉴 수 없기 때문에 불편함을 느낄 것이고, 내가 편한 대로 옷을 입었지만 누군가는 그 옷을 보고 불편함을 느낄 것입니다.

　인생도 이와 같습니다. 지금 좋다고 해서 마냥 좋은 것만도 아니고 지금 나쁘다고 해서 마냥 나쁜 것만은 아닙니다.

　모든 일이 순서대로 이루어진다는 사실은 평정심을 유지하는 데 도움이 됩니다. 지금 순서가 슬픔이라면 다음 순서는 기쁨일 테니까요. 그저 편안하면 편안한 대로 불편하면 불편한 대로 다음 순서를 기다리는 것이 인생이라는 강을 무탈하게 건너는 지혜가 아닐까요? ♤

고장

"성공으로 가는 엘리베이터는 고장입니다.
당신은 계단을 이용해야 합니다. 한 계단, 한 계단씩…."
- 조 지라드 -

"여보, 시계가 고장 난 것 같아요."

"건전지가 다 돼서 그런 거 아닌가요?"

"건전지를 교체한 지 얼마 안 됐는데요?"

"우리 이 시계 얼마나 됐지요?"

"우리 결혼할 때 산 거니까 얼마나 됐는지 계산해 보시던가요."

얼마 전까지 멀쩡하던 시계가 갑자기 멈춰서고 말았습니다.

단순히 건전지 문제가 아닌 듯하여 아내에게 시계를 하나 새로
사는 게 어떠냐고 물었더니 "고장 났으면 고쳐서 쓰면 되죠. 고장
났다고 다 버리면 우리 집 살림이 남아나지 않을걸요."라고 말합

니다.

며칠이 흘렀습니다.

"참, 시계를 고친다는 것을 깜박했네요."
"괜찮아요. 그래도 하루에 두 번은 맞던 걸요."
"그것도 유머라고."

아내의 농담처럼 아무리 고장 난 시계라도 하루에 두 번은 맞는 법이지만 시간을 빠르게 맞춰 놓거나 느리게 맞춰 놓으면 시간은 절대로 맞지 않지요.

대부분의 사람은 인생이 잘못된 방향으로 흘러가고 있다고 느낄 때 이를 바로잡기보다는 그냥 흘러가는 대로 두는 경향이 있습니다. 그냥 내버려 둬도 큰 불편 없이 살아지기 때문이죠. 시계가 하루에 두 번은 맞는 것처럼요. 타성에 젖어 살다 보면 고장 난 삶의 시계를 수리할 기회를 번번이 놓치게 됩니다.

시계는 건전지 수명이 다 끝나서이든, 부품 고장이든 많은 세월이 지나면 조금씩 느려지거나 빨라집니다. 인생 또한 나이가 들면 고쳐야 할 시기가 반드시 옵니다. 나중에 후회하지 않으려면 인생의 방향을 적절한 시기에 수정할 수 있도록 항상 깨어 있어야 할 것입니다. ♪

당연하다는 것

바다는 물고기에게 당연한 것이고
물고기는 바다에게 당연한 것입니다.

우리는 늘 '당연'이라는 말을 입에 달고 삽니다. 당연한 것에는
반드시 이유가 있습니다. 하지만 그것이 왜 당연한지를 모르고,
알려고도 하지 않습니다. 늘 우리 주변에 존재해왔기 때문이지요.

하지만 이 당연한 것들이 사라지면 그것이 얼마나 소중한 것이
었는지를 깨닫게 됩니다. 바다에게 물고기가 없다는 건, 물고기에
게 바다가 없다는 건 상상할 수도 없는 사실입니다.

● 이탈리아 바티칸시국(VATICAN CITY) 베드로 성당 내부 전경–2013.11.23

당연하다는 것은 곧 익숙하다는 것을 의미합니다. 또한 익숙하다는 것은 더 이상의 변화가 필요 없다는 것을 의미합니다. 하루가 지나면 당연히 찾아오는 아침, 노래를 잘하는 가수, 연기를 잘하는 배우, 당연히 내 곁에 있는 부모님….

우리가 당연하다고 생각했던 것들은 사실 당연하지 않은 것들일 수도 있습니다.

나이가 들면 당연한 것들을 당연하지 않게 여기면서 감사하는 태도가 필요해집니다. 사랑하면서도 사랑하는 줄 모르고, 살면서도 삶이 뭔지 모르고 사는 것처럼 우울한 일은 없을 테니까요.

사람은 왜 늘 겪어봐야 아는 존재일까요?

이전에 내가 누렸던 모든 것들이 소중했다는 것을, 매일 똑같은 일상이지만 그 어느 것도 특별하지 않은 것은 없었다는 것을 왜 진작 깨닫지 못했을까요?

많은 사람이 알고, 느낄 수 있었으면 좋겠습니다.

본래 아무것도 아닌 게 소중한 거라는 사실을…. 🔔

손이 없어

"행동이 항상 행복을 가져오지 않을 수도 있다.
하지만 행동을 취하지 않으면 행복은 없다."
- 벤저민 디즈레일리 -

"아빠, 나 좀 도와주세요. 짐이 너무 많아요."

"어쩌지? 아빠도 지금 손이 없어."

"손이 없어? 여기 있잖아."

"그 말이 아니라 아빠도 물건을 들고 있어서 도와줄 수 없다는 뜻이야."

"그럼 물건을 놓으면 되잖아."

"…."

한 열대우림에 사는 부족의 이야기입니다. 이 부족에게는 야생 원숭이를 잡아먹는 독특한 문화가 있다고 합니다. 변변한 사냥 도구 하나 없는 이 원주민들이 동작이 빠르기로 소문난 야생원숭이

● 러시아 상트 페테르부르크(Saint Petersburg) 귀중한 문화 유산의 도시 박물관–바로크 미술의 거장 루벤스 작품 "키몬과 페로(CIMON PERO)–2019.05.09

를 어떤 방법으로 잡을까요?

야자열매에 작은 구멍을 뚫은 후 속을 다 파내고 원숭이가 좋아하는 쌀을 불려 넣어놓습니다. 그런 다음 숨어서 지켜보다가 야생원숭이들이 이 열매 속으로 손을 넣었을 때 원숭이에게 달려갑니다.

그런데 야생원숭이는 사람들이 달려오는 것을 보고도 도망을 가지 못하고 쩔쩔맵니다. 손에 쥔 쌀을 놓고 싶지 않기 때문이지요. 그렇게 야생원숭이는 원주민의 식사가 되고 맙니다.

손에 쥔 먹이를 놓으려 하지 않아 원주민의 식사가 되고만 야생원숭이와 원하는 것을 얻기 위해 욕심을 버리지 못하는 인간의 삶과 크게 다르지 않습니다.

대부분의 사람은 양손 가득 움켜쥐고 있는 행복도 모자라 더 많은 행복을 얻으려고 노력합니다. 또 다른 행복을 잡으려면 손에 쥐고 있는 행복 중 하나를 놓으면 될 것인데 절대 포기하지 않고 더 많은 행복을 얻기 위해 끝없이 욕심을 부립니다. 하나를 잡으려면 하나를 놓아야 한다는 것을 알면서도 욕심을 쉽게 내려놓지 못합니다.

사마광이 일곱 살 때 친구들과 놀다가 한 친구가 부잣집 뒤뜰에 있는 엄청나게 크고 비싼 독에 빠지고 말았습니다. 그 독은 너무 깊어 아이의 목숨이 위험했습니다. 이를 본 사람들은 사다리나 밧줄을 찾느라 우왕좌왕했습니다. 이를 본 사마광은 주변의 돌을 집어 독을 깨서 친구를 구했다고 합니다. 사람들은 값비싼 독을 깨뜨려선 안 된다는 생각만 했지, 독을 깨려는 생각은 하지 못했던 것입니다.

하나를 가지려면 하나를 놓아야 한다는 평범한 진리를 깨달아야 합니다. 지금 손에 쥐고 놓지 못하고 있는 욕심이 당신을 위험에 빠뜨릴 수 있습니다. ◇

점

"인생의 최대 역설은 빠져나오는 사람이
거의 없다는 점이다."
- 로버트 하인라인 -

"여보, 우리 점 한번 봐 볼까요?"

"점? 갑자기?"

"친구가 그러는데 용한 점집이 있대요. 요즘 당신 일도 잘 안
되는 거 같고…."

"점을 본다고 해서 잘 안 되던 일이 잘될까요? 괜히 신경만 쓰
이지…."

우리나라 사람처럼 점을 좋아하는 민족은 없는 것 같습니다. 툭
하면 점을 보러 가지요. 점을 보고 나면 마음이 편하다는 사람도
있고 점쟁이가 하지 말라는 것을 행하지 않으면 불행을 미리 예방

할 수 있으니 좋은 것 아니냐고 항변하는 사람도 있습니다.

점이라는 건 홍삼가루가 살짝 첨가된 사탕과 같습니다. 약간의 진실이 포함된 추측일 뿐이지요. 그럼에도 우리는 어떤 확신을 얻고 싶어 점집을 찾습니다.

점집을 찾는 사람이 꾸준히 존재하고 그나마 명맥을 유지하고 있는 이유는 점쟁이가 신통력이 있어서가 아니라 우리의 삶 자체가 모호하기 때문입니다. 정답이 없기 때문에 이렇게 말해도 정답 같고, 저렇게 말해도 정답 같지요.

삶이란 결국 모호함을 극복하는 것입니다. 손에 잡히지 않고 눈에 보이지 않기 때문에 삶은 살아볼 가치가 있는 것입니다. 뭔가를 알아서 느끼는 기쁨도 있지만, 하나씩 알아가면서 느끼는 기쁨도 있는 법이니까요.

점을 보는 가장 근본적인 이유는 "이러이러한 어려움이 있긴 하지만 결국 모든 일이 잘될 겁니다."라는 한마디를 듣고 싶어서일 것입니다. 생전 처음 보는 점쟁이의 말이 아니라 지금까지 갖은 풍파를 잘 이겨낸 자신의 능력을 믿으세요. ♩

손절

"억지로 안 되는 거는 그냥 둬라. 애쓰지 마라.
슬프고 외로운 건 노상 우리 곁에 있는 거야.
받아들여야지 어쩌겠니."
- JTBC 드라마 '그냥 사랑하는 사이'-

주식 용어 중에 '손절'이라는 말이 있습니다. 주가가 계속 떨어질 때 손해를 보더라도 팔아서 추가 하락에 따른 손실을 피하는 기법을 말하는데요. 그런데 말이 쉽지, 주식에서 손절을 선택하기는 절대로 쉽지 않습니다. 그 이유는 주식 투자자의 심리를 살펴보면 쉽게 알 수 있습니다.

주가는 고정돼 있는 것이 아니라 수시로 오르락 내리락 하는 것이기 때문에 지금 주가가 떨어졌다고 해서 나중에 오르지 않는다는 보장이 없습니다. 주가가 나중에 오를 수도 있다고 생각하니 미련이 남습니다. 실제로 나중에 주가가 오르면 '내 선택이 옳았

● 프랑스 루부르박물관! 밀로의 "비너스" 상. 조각품 일부가 파손됨.– 2013.11.23

어.'라고 생각할 것이고, 장기간 오를 기미가 보이지 않으면 '진작 손절할 걸'이라며 후회할 것입니다. 결국 이러지도 저러지도 못하는 상황에 빠지게 됩니다.

손절은 인간관계에서도 '관계를 끊는다.'라는 의미로 사용되고 있습니다. 우리 주변에 아무리 노력해도 관계가 나아지지 않는 사람이 있다면 어떻게 해야 할까요? 그냥 그렇게 견뎌내야 할까요? 힘들어 하면서?

내가 힘겨워할 정도로 힘든 사람이라면 손절이 답일 수 있습니다. 제때 손절하지 않고 관계를 이어가는 건 서로에게 크나큰 불행일 수 있으니까요.

안 되는 건 안 되는 겁니다. 억지로 되게 하려고 애쓸 필요가 없습니다. 상대방이 나쁜 사람이 아니라 나와 인연이 아니고 나와 맞지 않는 겁니다. 죄책감을 가져서도 안 됩니다. 내가 손절하면 그 사람도 자신과 맞는 사람을 찾아 떠날 것입니다.

슬프고 외로운 건 늘상 우리 곁에 머물러 있습니다. 항상 기쁜 일만 있기를 바라는 것은 욕심입니다. 그 사람을 놓아 주세요. 🔔

괜찮아,
괜찮아

나를 사랑하고자 하는
당신의 삶에 놓인 작은 소품

제2부

내가 보는 나, 남이 보는 나

이해받으려 하지 말자

"우리들 각자가 타인을 정말로 이해할 수 있는 것은
우리들 자신이 만들어 낼 수 있는 감정뿐이다."
- 앙드레 지드 -

"결혼은 언제 할 거야?"

"직장은 구했니?"

"저축은 하고 사니?"

이런 질문을 받으면 무척 불편해하면서도 어느 순간 이런 말을 하는 사람들의 말에 휘둘리는 자신을 발견합니다. 그들의 말이 불편하게 느껴지면 무시하면 될 텐데 말이지요. 따지고 보면 질문 자체가 불편한 것이 아니라 다른 사람이 내리는 나에 대한 판단이 불편한 것입니다. 사람들은 자신은 그렇게 살지 않았다는 이유로, 자신의 방식과 다르다는 이유로 자신만의 잣대를 다른 사람에게

함부로 들이댑니다.

　내 인생을 책임져주지도 않는, 책임져줄 것 같지 않은 사람들이 자기 멋대로 하는 내뱉는 말을 언제까지 신경쓰며 살아야 할까요? 그리고 내가 다른 사람들이 옳다고 생각하는 때에 결혼을 하고, 그들이 인정하는 직장에 취직을 해야 하고, 그들이 생각하는 금액을 저축해야 하는 이유는 뭘까요?

　이 세상에는 많은 사람이 정해 놓은 소위 정답이라는 게 존재합니다. 누가 정했는지는 아무도 모르죠. 내가 이 정답을 인정하고 수용하면 정답이 맞지만 이와 반대의 경우라면 오답이 됩니다.

　다른 사람의 정답이 나에게 오답이 될 수도 있고, 나의 정답이 다른 사람의 오답이 될 수도 있는 겁니다. 그걸 인정해야 마음이 편하고 세상살이가 넉넉해집니다.

　그러니 그들의 어쭙잖은 기대나 요구에 쩔쩔맬 필요도, 그들을 이해시키려고 애쓸 필요도 없습니다. 우리는 다른 사람에게 이해받으려고 사는 게 아니기 때문이죠.

　"난 도대체 네가 이해가 안 돼."

　"어쩌죠? 저는 당신에게 이해받고 싶지 않네요." 🔔

내가 보는 나, 남이 보는 나

"그냥 어렸을 때부터 사람들이 이상하게 절 안 좋아하더라고요.
묘하게 그늘이 져 있대나. 자꾸 사람들이 그러니까
나도 내가 꼭 그런 거 같은 거예요."
- 동백꽃 필 무렵 -

'내가 보는 나'와 상관없이 '남이 보는 나'로 산다는 건 정말 힘든 일입니다. 하지만 현실적으론 '남이 보는 나'로 사는 경우가 더 많지요. 사회생활을 해나가려면 '남이 보는 나'도 '내가 보는 나' 못지 않게 중요 하니까요.

남에게 잘 보이기 위해 애를 쓰는 것은 자연스러운 현상입니다. 하지만 그것에만 매달려 있으면 그것이 일부가 아닌 전부가 될 수 있습니다. '남이 보는 나'로 살다 보면 자신의 모습은 온데간데 없게 됩니다. 남의 눈치만 보면서, 남에게 잘 보이는 것에만 신경을 쓰면서 살게 되지요.

● 러시아 수도 모스크바(Moskva) 우주센터 기념관 최초의 우주인!-2019.05.12

　　심리학자 쿨리(Cooley)는 '거울 자아 이론' 을 통해 나는 크게 '내가 보는 나', '남이 보는 나', '남이 보는 나를 보는 나'라는 경로를 통해 만들어진다고 주장했습니다. 여기서 '남이 보는 나를 보는 나'는 다른 사람들이 나를 어떻게 보고 있느냐와는 별개로 '다른 사람들은 나를 이러이러하게 보고 있을 것'이라고 기대하는 바를 말합니다. 이 세 번째 경로는 나의 자아 형성에 많은 영향을 미칩니다.

　　남이 나를 긍정적이고 밝은 사람이라고 생각한다고 생각하면 실제로 그렇게 행동하게 되고, 부정적이고 어두운 사람이라고 생각한다고 생각하면 실제로도 그렇게 될 확률이 높아집니다. 이른

● 러시아 모스크바(Moskva) 아르바트 거리 빅토르 최의 추모벽!–2019.05.11

바 사회적 자아가 나의 자아에 영향을 미치게 되는 것이지요.

앞서 말한 세 가지 중에서 가장 **중요**한 것은 바로 '내가 보는 나'입니다. 남이 바라보는 시선이 중요한 것이 아니라 그냥 나로서 살아가는 '진짜 나'의 모습이 중요합니다. '진짜 나'를 찾는 노력은 나와 관련된 모든 것들을 있는 그대로 받아들이는 과정을 통해 이뤄져야 합니다.

진짜 내 가치는 남의 눈이 필요 없는 법이죠. 나만 인정하면 되는 겁니다. 사람들은 남에겐 관심이 없습니다. 오로지 흥미만 있을 뿐이지요. 🔔

단순한 삶

"중요한 일에 종사하고 있는 사람의 일상은 단순하다.
쓸데없는 일에 시간을 낭비할 만큼 한가하지 않기 때문이다."
- 톨스토이 -

평소 물건을 잘 버리지 못하는 성격 탓에 집안에는 이것저것 많은 물건을 쌓아놓고 사는 편입니다. 그러다 보니 물건을 하나 찾으려고 하면 온 집안을 헤집어 놓기 일쑤지요. 결국 찾지 못해 포기를 했다가 나중에 우연히 발견하기도 하고요. 심지어 물건을 찾지 못해 결국 또 물건을 삽니다.

우리의 마음도 이와 같지 않을까요. 온갖 번민, 고민, 연민, 집착, 잡생각, 과거에 대한 후회, 미래에 대한 걱정의 끈을 놓지 않으면 마음이 실타래처럼 복잡해져서 무엇 하나 집중하기 힘듭니다. 인간은 망각의 동물이라고는 하지만 기억하고 싶지 않은 것은

● 이탈리아 로마 폴리 대공의 궁전 정면에 있는 트레비 분수! 이 연못을 등지고 서서 동전을 던져 넣으면 다시 로마를 방문할 수 있다고 하는 속신(俗信)이 있다.─2013.10.27

왜 그리 내 머릿속에 오래 남아 불쑥불쑥 고개를 내미는지 못내 야속하기만 합니다.

마음을 비운다는 일이 그리 쉬운 일은 아닙니다. "저, 이제 모든 것을 내려놓았어요."라고 말하면서 마음 한구석에는 아직 짐을 버리지 못하고 사는 것이 사람이지요. 비우고 싶은 만큼 비우고 살 수만 있다면 얼마나 좋을까요? ◌

자신을 학대하는 그대에게

"모든 자기학대의 감정은 체념이 부족한 까닭이다.
자기학대의 감정은 자기를 다칠 뿐만 아니라
더 나아가 남을 다치게 한다."
- 윌리엄 러셀 -

"나는 왜 이리 못났을까?"

"내 팔자는 도대체 왜 이럴까?"

"나는 불행해."

자신을 사랑하는 것은 그리 쉬운 일이 아닙니다. 세상 그 누구보다 자신을 사랑해야 함에도 불구하고 자신도 모르게 자신을 괴롭히며 살아갑니다. 심지어 자기학대가 당연한 것이라 여기는 사람들도 있지요.

사람들은 자신을 사랑하기에도 시간이 부족한데 학대하는 데만 몰두하고 있습니다. 자신을 학대하는 것은 남을 학대하는 것보

● 오스트리아 짤츠부르크 시내에서~ −2014.09.19

다 더 큰 죄를 짓는 일입니다. 자기학대를 일삼는 사람들은 그것이 바로 자기를 사랑하는 방법이라 착각하고 있습니다. 자신을 사랑하는 진정한 방법은 자신의 좋은 면과 나쁜 면을 차별하지 않는 것입니다. 그래야만 온전히 자기 자신을 사랑할 수 있습니다.

자기를 학대하면 자존감이 떨어집니다. 자기 자신에게 무능하다는 꼬리표를 붙이게 되면 실제로 자신이 형편없는 인간이라는 생각이 듭니다. 또한 자기 자신을 끊임없이 부정하게 됩니다.

자신의 능력을 의심하게 되고 남들도 자신을 하찮게 여긴다는 착각 속에 빠지게 됩니다. 이러한 단계를 넘어서면 이 세상에 자신을 필요로 하는 사람은 없다는 생각을 하게 됨으로써 스스로 벽을 만들어 고립시킵니다.

마지막으로 자기 결정권이 없어집니다. 스스로 알아서 하는 일이 점점 줄어들고 다른 사람에게 의지하게 되며 눈치를 보게 됩니다.

지금 당장 자신을 미워하는 행위를 멈춰야 합니다. 이 상태에서는 자기를 사랑하는 마음이 생겨나질 않습니다. 🔔

왜 나만 사는 게 힘들까

"웃어라. 온 세상이 너와 함께 웃을 것이다.
/ 울어라. 너 혼자 울게 될 것이다."
- 윌리엄 러셀 -

"왜 나만 이렇게 사는 게 힘들지?"

나 혼자만이 힘든 게 아니라 이 세상 사람 모두 힘든 걸 알면서
도 왜 나만 유독 힘들게 산다고 느끼는 것일까요?

그 이유는 바로 나만이 나의 감정을 제대로 알 수 있기 때문입
니다. 다른 사람이 크게 다친 것보다 내 손톱에 박힌 가시가 더 아
픈 법이지요.

어쩌다 힘들게 사는 사람의 이야기를 접하면 '나만 이렇게 사
는 게 아니구나. 다 똑같구나.'라며 위안이 되다가도 또다시 힘든

● 캄보디아 앙코르 와트 도시의 사원 나무기둥~ – 2015.11.02

순간을 맞이하게 되면 언제 그랬냐는 듯 또다시 우울해 집니다.

하지만 나만 힘들고 나에게만 어려운 일이 생기는 게 확률적으로 맞는 일이긴 할까요? 어려움, 힘듦은 누구에게나 익숙한 일이 아니라 낯선 일입니다.

이걸 낯설게 받아들이지 않아야 합니다. 힘든 일조차도 내 삶의 일부분이라 생각해야 합니다. 그래야만 의연하게, 차분하게 대처할 수 있습니다.

거부한다고 한들 어려움이 비켜 갈 리도 없거니와 받아들인다고 한들 영원히 내 곁에 머물 리도 없습니다. 그저 어쩌다 내 곁을 스쳐 지나가는 바람일 뿐이지요.

가볍게 생각하면 가볍게 느껴지고 무겁게 생각하면 무겁게 느껴지는 법입니다.

온갖 어려움을 무릅쓰고 지금까지 잘 살아온 것만으로도 당신은 대단한 사람입니다. 힘들지만, 어렵지만 언제나 그랬듯이 우리는 해답을 찾아 전진할 것입니다. ♩

아까운 시간

"…(전략)… 사람 미워하는 데 니 인생 쓰지 말라 이 말이다.
한 번 태어난 인생 이뻐하면서 살기도 모자란 세상이다."
- 드라마 '너의 목소리가 들려' 중에서 -

누군가를 미워하는 데는 정말 많은 에너지가 필요합니다. 온 신경을 미워하는 상대방에게 집중해야 하기 때문이죠. 미움을 받는 상대방은 아무렇지도 않은 데 오로지 나의 소중한 에너지만 소비하게 되는 셈이지요. 세상에 이처럼 이문이 안 남는 장사가 또 있을까 싶습니다.

헤르만 헤세는 〈데미안〉에서 "우리가 어떤 사람을 미워한다는 건 바로 우리 자신 속에 들어앉아 있는 그 무엇을 미워한다는 것이다."라고 표현했습니다. 우리는 다른 사람을 미워할 때 온갖 이유를 가져다 붙입니다. 건방져서 싫고, 자기만 알고 남을 배려할

● 프랑스 파리시 에펠탑은 1889년 프랑스 혁명 100주년 기념, 만국 박람회 때 세느강 서쪽
강변에 세워진 에펠탑 전경~!–2013.10.26

줄 몰라서 싫고, 남의 말을 듣지 않고 자기 말만 해서 싫고, 잘난 척해서 싫다고 합니다. 그런데 곰곰 생각해 보면 그 미움이라는 감정이 내가 평소 부정적으로 생각하고 있는 그 어떤 것 중 하나에서 비롯된 것이라는 사실을 알게 됩니다.

이왕 사람을 미워할 바에는 "그 사람은 궁상을 떨어서 싫어."라고 할 게 아니라 "그 사람은 너무 절약해서 싫어."라고 하거나 "그 사람은 고상한 척해서 싫어."라고 할 게 아니라 "고상해서 싫어."라고 한다면 절약하지 못하고 살거나 고상하게 살지 못하는 자신을 한 번쯤 돌아보게 될지도 모릅니다.

누군가를 미워한다고 해서 내가 행복해진다면 문제는 달라지겠지만, 우리는 너무나 많은 에너지를 이처럼 불필요한 일에 낭비하며 살고 있습니다. 평소 시간이 없다는 말을 입에 달고 살면서 우리는 왜 이처럼 소모적인 일에 시간을 투자하며 사는지 모르겠습니다.

더 이상 나의 소중한 에너지를 낭비해선 안 됩니다. 인생이란 시간은 나의 꿈을 위해, 나의 행복을 위해 쓰기에도 부족합니다.

소중한 당신의 인생, 남이 아니라 자신을 위해서 쓰세요. ◠

쓸모

"현명한 사람은 친구들 중 바보보다는 자신의 적에게서
더 큰 쓸모를 얻는다."
- 발타사르 그라시안 -

우연히 텔레비전에서 수년간 물건을 버리지 못해 집안에 온갖
물건을 쌓아두고 사는 사람의 이야기를 다룬 뉴스를 봤습니다. 이
를 보다 못한 동네 사람의 신고로 구청에서 나온 사람들이 물건을
치우는데 그 양이 몇 톤에 이를 정도였다고 하지요. 이 장면을 보
면서 '나는 잘 버리고 사는 편일까, 아니면 버리지 못하고 사는 편
일까?'라는 생각을 하게 됐습니다.

정도의 차이는 있겠지만 사람은 누구나 무엇을 버린다는 것에
익숙하지 않은 것 같습니다. 갖고 있다 보면 언젠가 쓸모가 있으
리라는 믿음 때문이지요. 설사 갖고 있던 물건이 요긴하게 쓰이기

● 러시아 모스크바 크렘린 광장에 전시된 세계에서 가장 큰 종!-2019.05.11

라도 하는 날엔 자신의 판단이 옳았다는 생각에 뿌듯해 하기도 합니다.

하지만 곰곰 생각해 보면 오랫동안 갖고 있던 물건이 요긴하게 쓰이는 일은 그리 많지 않은 것 같습니다. 오히려 과감하게 버린 후에 나중에 다시 돈을 주고 사는 것이 생산적일 때가 많지요.

사람의 감정도 이와 마찬가지입니다. 당장은 쓸 데가 없지만 나중에는 쓸모가 있는 감정일 것 같아서 마음속에 담아두고 있었는데 오랫동안 간직하고 있다 쓸모가 있는 것이 아니라 '짐'이 됩니다. 산에 오를 때는 요긴하게 쓰이지만 내려 올 때는 거추장스러운 물건이 돼 버리는 등산 스틱을 연상해 보면 쉽게 알 수 있습니다.

지금 당장 써먹을 감정이 아니라면 일단 버리고 나중에 필요할 때 다시 장만(?)하는 것도 나쁘지 않습니다. 해묵은 감정을 오랫동안 쌓아뒀다가는 결국 버리지 못하고 평생을 지니고 살아야 할 수도 있기 때문입니다. ☖

일을 내팽개치고 싶을 때

"옛날에 행복했던 일을 자꾸 꿈꾸는 건 현실 도피야.
과거로 돌아가고 싶다는 증거지."
- sbs 드라마 '연애시대'-

내가 지금 하는 일을 하지 않겠다고 선언하면 자기가 하겠다고 나서는 사람이 몇 명이나 될까요? 저는 아마도 (조금 과장해서) 몇만명 쯤은 될 거라고 생각 합니다.

제가 하는 일이 대단하고, 돈도 잘 벌고, 편한 일이어서가 아니라 일을 하고 싶어도 못하는 사람들이 많기 때문이지요.

약 20년 동안 청춘을 바쳐 일한 직장에 사표를 쓰면서 '나는 이 일을 결코 후회하지 않겠다.'라고 다짐했습니다. 그것이 최선이라 생각했기 때문입니다. 하지만 후회라는 감정을 떠올리는 데는 그리 많은 시간이 지나지 않았을 때였습니다. 고작 하루 만에 사표를 쓴 것을 후회하고 말았습니다.

사표를 써야겠다고 생각하던 당시에는 제가 하는 일이 그렇게 하찮게 느껴지고, 매일 반복되는 업무가 지겹게 느껴졌는데 막상 회사 밖을 나와 보니 그렇게 소중할 수가 없었습니다.

지금 이 순간에도 많은 사람이 이러한 실수를 저지르고 있습니다. 지금 당장 일을 내팽개치고 싶다면 이를 실행에 옮기기 전에 적어도 한 번쯤은 그만둔 후에 벌어질 상황에 대해 생각해 볼 필요가 있습니다. 그렇다고 해서 무조건 되지도 않는 일, 하고 싶지 않은 일을 끝까지 붙들고 있으라는 이야기는 아닙니다.

다만 그 일이 내 인생에 미칠 영향을 최소화할 수 있고, 지금까지의 삶으로 짧은 시간 안에 돌아올 수 있어야 합니다. 공백 기간이 길어지거나 제자리로 돌아오는 시간이 길어지면 삶이 순식간에 무너집니다. 젊은 나이라면 언제든 툭툭 털고 일어날 수 있지만 그렇지 않다면 자신의 인생을 송두리째 부정당하는 결과를 초래할 수 있습니다.

또한 일을 내팽개치는 일이 현실도피를 위한 수단 이어서도 안 될 것입니다. ♤

늦지 않았을까

"살아가면서 늦거나 이른 것은 없고,
꿈을 이루는 데 제한 시간은 없다."
- 영화 <벤자민 버튼의 시간은 거꾸로 간다> 중에서 -

　우리가 살면서 주변에서 자주 듣는 말 중 하나는 '무엇이든 때
가 있다.'라는 것입니다. 딱히 반박할 만한 말이 아닌 것은 분명하
지만, 세상이 변한 탓인지 요즘에는 100% 맞는 말이라고 단정 지
을 수는 없을 듯 합니다.

　사람들은 뭔가 새로운 것을 계획하거나 시도할 때마다 '내가
할 수 있을까?', '지금 시작하기엔 너무 늦은 건 아닐까?'라는 걱
정부터 하는 경우가 많습니다. 할 수 있고, 없고의 문제는 차치하
더라도 적어도 '시작'하는 시기의 문제에 관한 한 '적당한 때'는
없습니다. 내가 하기로 마음먹고 행동에 옮기는 때가 바로 '적당

● 헝가리 수도 부다페스트 시청 광장앞 동상!-2014.09.16

한 때'이고 '가장 빠른 때'이기 때문입니다.

　시작할지 말지를 머뭇거리는 데에는 여러 가지 이유가 있겠지만, 이러한 고민의 밑바탕에는 '내가 지금 시작을 하면 남들이 어떻게 생각할까?'라는 걱정이 깔려 있습니다.

　내가 하고 싶은 일에 남의 시선 따윈 중요하지 않습니다. 남이 뭐라 하든, 어떻게 생각하든 뭔가를 '지금' 시작한다는 것이 중요할 뿐, 이외에 고려해야 할 것은 없습니다. 지금 시작하지 않으면 나중에 시간이 정말 부족해 아무것도 할 수 없을지도 모릅니다.

항상 시간이 부족하다는 말을 입에 달고 살면서도 정작 어떤 일을 시작하려고 할 때마다 너무 늦지 않았는지를 고민하는 것은 모순입니다.

너무 늦지 않았는지를 고민할 시간에 뭐라도 시작하는 것이 인생을 조금이라도 덜 허비하는 것입니다. '이 나이에 뭘'이라는 생각보단 '지금이라도 할 수 있어서 다행'이라는 생각으로 삶을 마주해야 합니다. 인생의 황혼기에 '○○을(를) 하고 싶었는데 결국 하지 못했다'라고 후회하는 것보다는 '하고 싶은 것을 다 해 봤지만 별 건 없었다'라고 후회하는 편이 훨씬 나은 선택일 테니까요.

영화 〈벤자민 버튼의 시간은 거꾸로 간다〉에서 벤자민은 "다시 젊어진다면 바꾸고 싶은 게 많아요. 실수도 바로잡고요.", "기다리기만 했어요. 뭔가를 할 수 있는 때가 저절로 찾아올 거란 환상을 갖고 젊은 시절을 허비해버렸죠."라고 말합니다.

뭔가를 해야 할 적당한 때란 없습니다. 다만 내가 언제 시작하느냐의 문제만 남아 있을 뿐이지요. ♤

집착일까, 사랑일까

"사랑은 말이야. 아주 간단해. 상대가 끝났다고 하면 끝나는 거.
싫다는 사람, 같이 사랑하자고 하는 건 집착.
사랑은 거래가 아니어서 배신이 없어.
자기가 좋아 시작한 거니까. 생색도 안 통하고 자랑도 안 통해.
네가 우긴다고 집착이 사랑이 되지는 않아."
- 드라마 <그 겨울 바람이 분다> 중에서 -

집착은 '어떤 것에 늘 마음이 쏠려 잊지 못하고 매달리는 상태'
를 말합니다. 우리 주변에는 이 집착이라는 감정에서 자유롭지 못
한 사람들이 많습니다. 사람들은 왜 집착을 하게 되는 것일까요?

그것은 바로 '자신이 소중하게 생각하는 뭔가를 잃고 싶지 않
은 마음' 때문입니다. 소중한 뭔가를 잃는다는 것에 익숙한 사람
은 없겠지요. 가치 있는 일에 집착을 한다면 바람직한 일이겠지
만, 집착의 대상이 '사람'이라면 문제는 달라집니다.

사실 사랑과 집착은 구별하기 어렵습니다. 집착을 사랑이라 우

● 캄보디아 앙코르 톰 유적군, 바이욘사원에서~!-2015.11.02

기면 사랑이 되기도 하고, 사랑을 집착이라 우기면 집착이 되기도 합니다. 사랑과 집착을 구분하는 유일한 기준은 '상대방이 원하느냐, 원하지 않느냐'입니다. 진정으로 사랑한다면 상대방을 놓아줘야 합니다. 상대방이 원하지 않는데도 사랑이라는 감정을 마냥 붙잡고 있는 것은 사랑했던 사람에 대한 도리가 아닙니다.

집착은 '이기심'과도 무관하지 않습니다. 집착이라는 감정은 상대방의 감정은 고려하지 않은 채 오로지 자신의 감정에만 충실하기 때문에 생겨나는 것입니다.

사랑은 '사람을 마음속에 품고 사는 것'입니다. 사랑을 놓치지 않기 위해, 잃어버리지 않기 위해 상대방을 소유하려고 하거나 구속하려고 하는 순간, 사랑은 순식간에 집착이라는 얼굴로 바뀌고 맙니다.

집착은 상대방을 사랑한 것이 아니라 사랑에 빠진 자신의 감정을 사랑했기 때문에 생기는 것입니다. 단지 자신이 상처받을 것이 두려워 마음에서 떠나보내지 못하고 있는 것일 뿐입니다. ♩

운명

"운명이란 노력하는 사람한테 우연이라는 다리를 놓아 주는 거야."
- 영화 <엽기적인 그녀> 중에서 -

"너는 내 운명이야."

"나는 이 길이 운명이라 생각해."

"그냥 이대로 살아. 이게 네 운명인 걸 어쩌겠니?"

사람들은 대개 '운명'이라는 말을 좋아합니다. 하지만 신이 아무리 전지전능하다고 한들, 이 세상의 수많은 사람의 앞날을 미리 알고 정해 놓았을 리는 없습니다. 만약 운명이라는 것이 존재한다면 자신이 가야 할 길이 정해져 있는 것과 마찬가지이므로 자신의 의지대로 무엇을 한다는 것이 무의미할 것입니다.

운명이라는 것이 실제로 존재하는지는 몰라도 모든 일을 운명

● 부여 부소산성 낙화암 아래 고란사~!–2013.03.01

이라 여기기엔 인생이 너무 허무합니다. 설사 우리가 걷고 있는 길이 운명에 따른 것이라 하더라도 때론 운명을 거스를 줄 아는 용기가 필요합니다.

　사람들은 현재의 삶이 만족스러울 때보다는 불만족스러울 경우에 곧잘 '운명'이라는 카드를 꺼내 듭니다. '이렇게 될 운명이었으니 난 어쩔 수 없었다.'는 일종의 변명 같은 것이지요. 그래야만 조금은 위안이 될 테니까요.

　인생을 살다 보면 어느 순간 그것은 운명이었다고, 그렇게 될 수밖에 없는 운명을 타고났다고 믿고 싶어질 때가 있습니다. 하지만 이 또한 그렇게 믿고 싶어서 일뿐, 그것이 실제로 정해져 있던 운명은 아니었을 것입니다.

　운명은 시간이 흐른 뒤에 판단할 수 있는 것이 아니라 순간순간 만들어가는 것이고, 정해진 길을 따라만 가는 것이 아니라 내가 돌을 놓으면서 만들어가는 것입니다. ◌

행복이란 건

"행복의 한쪽 문이 닫힐 때 다른 쪽 문이 열린다.
하지만 우리는 닫힌 문만 오래 바라보느라 우리에게 열린
다른 문을 보지 못할 때가 많다."
- 헬렌 켈러 -

인터넷 쇼핑몰을 뒤지다가 맘에 드는 구두를 발견하고 주문을 했습니다. 그 다음날 새 구두를 신고 외출을 할 생각을 하니 기분이 좋아지더군요. 마침내 택배가 도착하고 박스를 열어 구두를 신는 순간, 뭔가 잘못됐다는 생각이 뇌리를 스쳤습니다. 분명 내 발에 맞는 사이즈를 주문했는데 구두가 조금 작게 나온 탓인지 발이 몹시 불편했습니다.

하지만 반품을 하기도 귀찮고, 조금 지나면 나아지겠지 싶어 그대로 외출을 감행했습니다. 그날따라 만나야 할 사람이 어찌나 많은지 하루 종일 그 불편한 구두를 신고 꽤 긴 거리를 걸어 다녀야

만 했습니다. 머릿속은 온통 '이 구두를 벗어버리고 싶다.'라는 생각뿐이었지요. 드디어 집에 들어와 현관 앞에서 구두를 벗는 순간 얼마나 행복하던지…. 만약 구두가 불편하지 않았더라면 이렇게까지는 행복하지 않았을지도 모릅니다.

행복은 이처럼 사소한 것에 숨어 있습니다. 이른 아침 창가에 비치는 햇살, 아내가 차려 주는 밥상 등 주변을 둘러보면 어느 것 하나 행복이 아닌 것이 없고 행복하지 않은 것이 없습니다.

행복인 줄 모르고 살거나 행복하다고 생각하지 않기 때문에 눈에 보이질 않는 것뿐입니다.

행복은 비교 대상이 아니라 자기만족에서 비롯됩니다. 남과 비교할수록 행복감은 줄어들 수밖에 없습니다.

비교 대상이 십중팔구는 나보다 덜 가진 사람이 아니라 더 많이 가진 사람일 것이기 때문입니다.

내가 행복한지, 불행한지를 자신에게 따져 묻는 건 불행해지는 지름길입니다. 행복은 주어지는 것이 아니라 내가 발견하는 것입니다.

"행복해지고 싶다면 행복한 척이라도 해야 합니다." 🔔

가면

"가면을 쓰고 살면 너무 외로운 것 같아요.
혼자서 울고 혼자서 웃고, 모든 것을 혼자 해야 하기 때문이죠."
- sbs 드라마 <가면> -

"사람이 어떻게 그럴 수가 있어?"

"왜 무슨 일 있어?"

"그렇게 겉 다르고 속 다른 사람인 줄 정말 까맣게 몰랐네. 사람 속은 정말 알 수 없다더니…."

밖에서 무슨 일이 있었는지 아내가 흥분을 감추지 못합니다. 대충 이야기를 들어보니 오랫동안 알고 지냈던 사람이 자기가 알고 있었던 사람이 아니라는 사실을 알고 적잖이 충격을 받은 모양입니다.

우리는 겉 다르고 속 다른 사람을 증오합니다. 하지만 정작 사람들은 가면을 쓰고 살아갑니다. 우리는 필요에 따라, 상황에 따라 가면을 바꿔 쓰며 살고 있습니다. 언뜻 생각해 보면 가면을 쓰고 살아간다는 것이 위선이라 생각할 수 있지만 이는 결코 부끄러운 일이 아닙니다.

사람 사이의 관계 속에서 가면을 쓰고 살아간다는 건 상대방을 속이고자 하는 데 목적이 있는 것이 아니라 조금이라도 더 버텨내야 하기 때문입니다.

때로는 상대방이 듣고 싶어 하는 말만 하고 사는 자신이 혐오스러울 때도 있겠지만, 그 반대의 상황으로 초래되는 결과를 생각한다면 차라리 전자가 나을 수도 있습니다.

사랑하는 사람이나 직장 상사에게 자신의 속마음(민낯)을 드러낸다는 건 곧 상대방에게 공격의 빌미를 제공하는 것을 뜻합니다.

때와 장소에 맞는 가면을 가려 쓸 줄 안다는 건 쉽게 배우기 힘든 능력입니다. 가면을 쓰지 않는 것이 능사가 아니라 가면을 잘 가려 쓰는 것도 세상을 살아가는 요령이라고 할 수 있을 것입니다.

가면을 쓰지 않은 채 자신의 감정을 고스란히 드러냄으로써 구설수에 오를 필요도 없고 별난 사람 취급을 받을 이유는 더더욱 없으니까요. △

과거에 이별을 고하라

"나는 여전히 애틋했고 내가 잘되길 바랐다."
- 드라마 <또 오해영> 중 -

인생을 살다 보면 내가 원치 않는 일들이 일어날 때가 있습니다. 다시 돌이킬 수 없는 일, 딱히 해결할 수 있는 방법이 없는 일이 하나둘씩 쌓이다 보면 삶이 불안정해지고 이미 손상된 삶을 리셋하고 싶어지는 순간이 찾아옵니다. 인생도 컴퓨터처럼 포맷을 할 수 있으면 좋으련만 항상 과거의 일들은 현재의 삶을 불안하게 만듭니다.

이럴 경우 '이번 생은 망했어.'라며 남은 삶을 자포자기해야 할까요? 그러기엔 살아갈 날이 너무 많이 남아 있습니다. 후회스러운 삶을 리셋하고 싶더라도 그냥 지금까지 살던 대로 살아가야 하는 것이 인생입니다.

어쩌다 기분이 상하거나 불쾌한 일이 일어나면, 쉽게 잊지 못하고 과도하리만큼 그 일을 되씹으며 매달립니다. 신기하게도 즐거운 일은 쉽게 잊히는데 불쾌한 일은 쉽게 잊히질 않습니다.

과거는 괴물과도 같아서 현재의 삶을 피폐하게 만들고 미래를 갉아먹습니다. 왜 사람들은 굳이 지나간 일을 떠올려 자신을 괴롭히고 힘들게 하는 일을 반복하는 것일까요? 그것이 얼마나 소모적인 일이라는 것을 알면서 말이지요.

기억하고 싶지 않은 인생의 몇 가지 사건들 때문에 내 삶의 전부를 포기하는 건 너무 억울한 일입니다. 내 삶은 남들에게는 별거 아닌 것처럼 보일지 몰라도 내겐 전부이기 때문입니다.

기억해야 할 것들이 차고 넘치는 세상에서 기억하고 싶지 않은 일까지 기억한다는 건 참 바보 같은 일이겠지요. 과거를 이제 그만 떠나보내세요. ○

그럴 수 있어

"성공이란 절대 실수를 하지 않는 것이 아니라
같은 실수를 두 번 하지 않는 것에 있다."
- 조지 버나드 쇼 -

살다 보면 너무 힘들고 지쳐서, 자기 자신이 지긋지긋해져서, 세상만사 감당하기 힘들어서 모든 것을 내려놓고 싶을 때가 있습니다. 하지만 현재의 삶은 과거의 내가 만든 것이고, 내 삶은 계속 이어져야 하므로 현실과 타협할 수 있는 방법을 찾아야 합니다.

내가 아닌 어느 누구도 내 삶을 돌봐주지 않습니다. 삶이 고단하다는 이유로, 삶이 자신의 성에 차지 않는다는 이유로 쉽게 내팽개친다는 것은 인생에게 너무 미안한 일입니다.

현실이 아무리 고달프더라도 살다 보면 살아지는 법입니다. 어떤 의미가 있어서 이 세상에 태어난 것이 아니라 이왕 태어났으니 살아가는 것이고, 그래서 사는 게 의미가 있는 것입니다.

• 일본 삿포로 오타루 후라노 팜도미타 라벤다꽃~!–2018.06.28

    우리는 매번 어떤 일에 의미를 부여하려고 합니다. 그 일로써 정당성을 찾으려고 하는 것이지요. 하지만 모든 일에 의미가 필요한 건 아닙니다. 때론 무의미한 것이 더 가치가 있는 경우도 있습니다.

    삶 또한 그러합니다. 있지도 않은 의미를 찾으려고 노력하다 보면 괜한 스트레스를 받게 되고, 있지도 않은 정답을 찾으려고 하면 괜한 시간만 낭비하게 됩니다. 지금 힘들어하고 있는 일이 아무리 고민을 해도 해결되지 않는 것이라면 부여잡고 있을 이유가 없습니다. '다들 그렇게 사니까'가 아니라 당신에게 가장 애틋한 당신의 삶이기 때문입니다.

    오늘 하루도 꿋꿋하게 견뎌낸 당신에게 박수를 보냅니다. 🔔

생각의 꼬리

"지나간 불행을 한탄하는 것은 새로운 불행을
불러들이는 지름길이다."
- 셰익스피어 -

"생각을 멈추려고 해도 멈출 수가 없어요. 생각을 하다가 밤에 잠을 못 자기 일쑤고 밤에 잠을 못 자면 낮이 힘들어요. 다시 밤이 된다고 해서 잠이 오는 게 아니에요. 생각이 멈춰지질 않으니까요."

너무 생각을 오래 하다 보면 생각의 본질과는 상관없는 생각들이 꼬리에 꼬리를 물고 일어납니다. 생각이 너무 많아져서 멈추고 싶어도 쉽사리 멈춰지질 않습니다. 이렇게 꼬리를 무는 생각들은 대개 긍정적인 것보다는 부정적인 것들이 많습니다. 생각이 깊어지면 몸도 덩달아 힘들어집니다.

생각을 하지 않으려고 할수록 그 생각이 더욱 또렷해져서 우리의 마음을 어지럽힙니다. 다시는 기억하고 싶지 않은 괴로운 일도

이와 마찬가지입니다. 그 일을 지워버리는 것에 너무 몰두하면, 그 일이 너욱 선멍해서 나의 삶에 낳은 엉향을 미치게 뵙니다. 자신이 가치가 있다고 생각하는 것, 나의 삶에 조금이라도 도움이 되는 것에 집중하지 못하면 이 '생각'의 굴레에서 헤어 나오질 못하게 되고, 결국 삶을 피폐하게 생각에만 몰두하게 됩니다.

　세상의 이치가 그러하듯 이를 극복하는 방법은 불편한 생각들을 회피하려 하지 않고 마치 남의 일을 대하듯 담담하게 바라보는 것입니다. 이렇듯 꼬리를 물고 일어나는 생각들을 담담하게 바라볼 수 있는 경지에 이르게 되면 그제야 비로소 내 삶을 발전시킬 수 있는 일에 몰두할 수 있습니다. ☖

인연

돌아오지 않으면 그건 처음부터 너의 것이 아니었다고
잊어버리며 살거라.
- 신경숙, <깊은 슬픔> -

사람의 인연이란 참으로 묘한 것이라서 인연이다 싶어 억지로 맺으려하면 멀리 달아나고, 인연이 아니다 싶어 멀리하려 하면 어느새 곁에 다가와 앉기도 합니다.

이러한 측면에서 본다면 인연인지 아닌지는 자신이 판단할 문제가 아닐지도 모르겠습니다. 하지만 상대방이 나와 인연인지, 아닌지는 구분할 필요가 있습니다.

진정한 인연이라면 최선을 다해 좋을 관계를 맺도록 노력해야 하고, 그냥 스쳐 지나가는 인연이라면 무심하게 지나쳐버려야 합니다. 옷깃 한 번 스친 사람들까지 인연을 맺으려고 하는 일만큼 무의미한 일은 없을 테니까요.

인연은 억지로 만들어지지 않는 것이 세상의 이치입니다. 단 몇 초간의 인연도 억지로는 만들어지지 않습니다.

이 또한 우연을 가장한 필연일 뿐입니다. 인연이 소중한 이유는 바로 이 때문입니다.

인연이 있다면 멀리 떨어져 있더라도 만나게 되고, 인연이 없다면 내 주변에 있어도 만나지 못하게 됩니다.

인연은 아무리 애를 태워도 맺어질 수 없고, 아무리 달아나려 해도 붙잡고 놓아주질 않습니다.

상대방과 나의 만남이 일상의 잔잔한 행복이 되어준다면 그리고 서로에게 살아가는 이유가 된다면 설령 영원히 함께하진 못하더라도 먼 훗날 "너와 난 인연이었어."라고 자신 있게 말할 수 있을 것입니다.

그냥, 우연히 맺어진 인연은 이 세상에 없습니다. ♩

괜찮아요

아무도 날 알아주지 않을 때/노력해도 뜻대로 되지 않을 때/
알 수 없는 미래에/혼자 길을 잃고 헤매도/
괜찮아/안 괜찮아도 괜찮아.
- 디오게네스 -

　사람들은 왜 항상 일상에 지쳐 살면서 아무렇지 않은 척, 아무런 일도 없는 척, 잘살고 있는 척하며 살아가는 것일까요? 그 까닭은 바로 안 괜찮으면 안 될 것 같기 때문입니다.

　가뜩이나 힘든데 괜찮은 척이라도 하지 않으면 마음이 더욱 힘들 테니까요.

　참고 산다는 것이 행복을 담보해 주진 못하지만 적어도 괜찮지 않은데도 괜찮다고 생각하는 것이 더 나은 선택일 수 있습니다. 괜찮지 않아서 괴로운 것보다는 괜찮지 않다는 것을 담담하게 받아들이고 적어도 생각만이라도 '괜찮다고', '아직은 살 만하다고'

생각하는 것이 훨씬 낫기 때문입니다.

어떻게 생각하든 괜찮지 않은 것이 괜찮아질 리 없고, 괜찮은 일이 괜찮지 않은 일이 될 리 없다면 괜찮지 않은 일 정도는 가볍게 무시하고 살아야 합니다.

이 세상에 힘들지 않은 사람 없고, 삶이 버겁지 않은 사람 없습니다. 오직 나만 힘들다고 생각하며 사는 사람만 있을 뿐이지요. 다른 사람은 힘들지 않게 사는데 유독 나만 힘든 삶을 살 까닭은 더더욱 없습니다.

괜찮지 않은 일을 괜찮다고 생각하는 일이 삶에 굴복하는 것은 아닙니다. 그렇게 생각하는 것 자체가 바로 굴복당하는 것이지요.

달리다가 숨이 찰 때 숨을 고르면서 걸으면 이내 괜찮아지듯이, 내 삶 또한 나름 괜찮다고 생각하면 숨을 쉬기가 한결 쉬워집니다. 마음에 여유가 생기기 때문이지요.

'안 괜찮으면 안 될 것 같아서'이든 '내 마음을 들키고 싶지 않아서'이든 삶은 계속돼야 합니다.

"돈 워리, 비 해피!" 🔔

정산

"미뤄둔 일은 사라짐 없이 쌓이고 꿈은 이뤄짐 없이 멀어질 뿐,
삶은 필히 정산을 요구한다."
- 페이스북 -

직장인들은 연말에 그해의 소득에 대한 정산을 하게 됩니다. 다시 말해 1년 동안 자기가 낸 세금이 많으면 돌려받고 적으면 더 내는 것이지요.

비단 정산은 소득에만 국한된 것은 아닌듯 합니다. 사람의 인생에도 '정산'이 필요합니다. 정산이 제때 이뤄지지 않으면 내가 무엇을 잘하고 잘못했는지, 어떤 길을 하는지, 무엇을 놓치며 살고 있는지를 가늠할 수 없기 때문입니다. 인생은 나에게 끊임없이 정산을 요구하지만 애써 외면하며 살고 있지는 않은지 한 번쯤 돌아봐야 합니다.

인생을 살다 보면 누구에게나 '마음의 부채'가 생기기 마련입

● 중국 장쑤성 쑤저우 도시 전체가 운하로 이루어진 퉁리마을 선착장!–2013.09.07

니다. 인간은 불완전한 존재이기 때문이지요. 나이가 먹을수록 이 부채는 늘어납니다. 점차 아는 것이 많아지고 남의 일에 간섭하는 일이 많아지고 점차 예민해지기 때문입니다. 중간에 이 부채를 정산하지 않으면 결국 마음의 짐으로 남게 됩니다. 죄를 지었다면 재판을 받고 죗값을 치르면 끝이 나지만, 사람 사이에 생긴 부채는 잘못한 사람이 부채를 청산하려 들지 않으면 결국 지울 수 없는 상처로 남게 됩니다.

과거를 뉘우치고 용서를 구하는 것을 자존심이 상하는 일로 생각하기 쉽지만, 결국은 자기 자신을 위한 일이라는 것을 깨달아야 합니다. 용서를 빌고 마음 편하게 사는 것과 그깟 자존심 하나 지

● 중국 장쑤성 창주시 공원 동자상~!-2013.09.07

키려고 오랫동안 불편한 마음으로 사는 것 중에서 어느 쪽을 선택할지는 자신에게 달려 있습니다.

자신에게 진 빚도 정산해야 합니다. 지금까지 자신을 인정하지 않고 혹사시키는 삶을 살았다면 적어도 한 번쯤은 그 부채를 갚을 줄 알아야 합니다. 그래야만 남은 삶을 좀 더 힘을 내서 살 수 있고 추진력을 얻을 수 있습니다. "뭔가에 쫓기듯이 살다가 어느 날 문득 뒤돌아보니 아무것도 남은 것이 없다."라고 말해 봐야 그 어느 누구도 공감해 주질 않습니다.

남은 인생 별 탈 없이 지내길 원한다면 지금 당장 계산기를 꺼내놓고 인생을 정산해 보시기 바랍니다. ○

나중에

"나중에" 라고 외칠 때마다 생의 불꽃은 하나씩 꺼진다.
가장 슬픈 인생은 오류로 얼룩진 삶이 아니라
아무것도 시도하지 않은 삶이다.
- 인스타그램 -

"아빠, 우리 집은 외식 안 해요?"

"나중에."

"아빠, 놀이동산 가고 싶어요."

"나중에."

그렇게 살다 보니 어느덧 변변한 외식 한 번 시켜주지 못한 채, 그 흔한 놀이동산 한 번 데려가 주지 못한 채 초등학생이던 아들이 훌쩍 커버려 어른이 되고 말았습니다.

"나중에 밥 한번 먹자."

"나중에 한번 보자."

길을 가다 우연히 동창을 만났을 때 시간이 없어 다음 만남을 기약하고 헤어졌는데 그 후로 얼굴 한 번 못 본 채 3년이라는 세월이 흘러 버렸습니다.

우리는 일상생활에서 "나중에"라는 말을 참 많이 사용합니다. 여기서 '나중에'라는 말은 '일정 시간이 흐른 후에'라는 뜻입니다. 하지만 "나중에"가 실제로 '나중에'가 될 확률은 그리 높지 않습니다. 순진한 사람은 이 말을 곧이곧대로 믿고 상대방의 연락을 기다립니다. 연락을 기다리다가 상대방에게 전화를 걸어 "한번 보자고 하더니 어찌 된 거냐?"라고 따지면 상대방은 자기가 한 말을 기억하지 못하고 엉뚱한 소리를 하거나 그 말을 한 사람을 바보 취급합니다.

"나중에"를 남발하는 사람들의 마음속에는 '지금 하지 않아도 큰일은 일어나지 않아.', "지금 하지 않아도 먹고사는 데는 지장 없어.'라는 심리가 깔려 있습니다. 하지만 지금 할 일을 나중으로 미루면 나중에도 다시 나중으로 미루게 됩니다.

우리 삶에는 '나중에'가 없습니다. 단지 '지금'만이 있을 뿐이지요. 사랑한다면 지금 사랑한다고 말하고 보고 싶다면 지금 당장 만나세요. 🔔

마음 정리

"인생은 선택의 연속이다. 버려야 할지, 택해야 할지를
선택해야 하기도 하고, 선택받기 위해
무엇을 선택할지를 결정하기도 한다."
- JTBC 드라마 <품위 있는 그녀> 중 -

사람들은 마음이 복잡하거나 골치 아픈 일이 있을 땐 집안을 정리하곤 합니다. 마음이 복잡하면 왠지 집안도 지저분해 보이는 탓도 있겠지요. 마음을 정리하는 일은 생각만큼 쉬운 일이 아니기 때문에 그나마 내가 할 수 있는 일이라도 하는 것입니다. 집을 정리한다고 해서 문제가 해결되지는 않겠지만, 지저분한 집에서 고민을 하는 것보다는 깨끗한 집에서 고민하는 것이 그나마 낫습니다.

물건을 정리하다 보면 '정리를 잘하려면 잘 버리는 것이 중요하다.'라는 것을 새삼스럽게 깨닫게 됩니다. 잘 버리지 못하면 언젠가 다시 원상태가 되고 말 테니까요.

사람의 습관은 무서운 것이라서 늘 하던 행동을 반복하게 됩니

● 일본 심장부 도쿄 돔경기장에 설치된 모형 피사의탑−2017.01.12

다. 따라서 이번에 어떤 특정한 곳에 뒀던 물건을 정리한 후에 전혀 다른 곳에 놓일 확률은 희박합니다. 따라서 당장 쓸모없는 물건을 과감히 버리지 못하면 매번 정리만 하다 끝나는 악순환을 거듭하게 됩니다.

내가 찾는 물건이 완전히 버려지지 않고 어딘가에 있다면 또다시 필요할 때 그 물건을 찾아 사용하게 됩니다. 따라서 조금이라도 불필요하거나 있어도 그만, 없어도 그만이라면 버리는 것이 현명합니다. 그래야 '정리'라는 소기의 성과를 달성할 수 있기 때문이지요.

마음을 정리할 때도 쓸데없는 감정을 남겨둬선 안 됩니다. 감정의 찌꺼기가 조금이라도 남아 있다면 정리를 해도 한 것 같지 않기 때문입니다. 이때 남겨진 감정의 찌꺼기를 우린 미련, 집착, 후회라고 부릅니다.

가장 심각한 문제는 미련, 집착, 후회는 현재 또는 미래 시제가 아니라 과거 시제라는 것에 있습니다. 나의 눈이 현재나 미래가 아니라 과거를 향하고 있어서는 결코 앞으로 나아갈 수 없습니다.

버리는 연습을 해 보세요. 괴테의 말처럼 가장 중요한 것들이 가장 사소한 것들에 의해 좌우되지 않기 위해서 말이지요. ☖

지치지만 않으면 돼

인생은 끊임없는 반복, 반복에 지치지 않는 자가 성공한다.”
- tvN 드라마 <미생> 중 -

난생처음 자전거를 배울 때가 생각납니다. 당시 저는 중학생이었지요. 자전거를 타고 학교에 가는 친구들이 부러워 자전거를 배워야겠다고 결심했는데 막상 타보니 쉽지 않았습니다. 넘어지고 까지고….

자전거가 왼쪽으로 넘어지려고 하면 핸들을 왼쪽으로 돌리고, 오른쪽으로 넘어지려고 하면 오른쪽으로 돌렸습니다. 핸들을 반대로 돌려야 자전거가 넘어지지 않는다는 사실을 몰랐던 거지요.

자전거를 배울 때 또 한 가지 알아야 할 점은 페달을 쉬지 않고 밟아야 한다는 것입니다. 페달 밟는 일을 잊어버리면 자전거가 중심을 잃고 넘어집니다.

수없는 시행착오를 거쳐 결국 자전거를 타게 되면서 느낀 점은 '자전거가 쓰러지는 반대 방향으로 핸들을 돌려야 넘어지지 않는다.'는 것과 '페달을 밟고 있는 동안에는 자전거가 쓰러지지 않는다.'라는 것이었습니다.

어떤 일이든 중심을 잃게 되면 평정심을 유지하지 못하게 됩니다. 마음의 방향이 한쪽으로 기울면 핸들을 그 반대 방향으로 돌려세워야 쓰러지지 않습니다. 이미 쓰러진 후에는 후회를 해도 소용이 없습니다. 핸들을 반대 방향으로 돌릴 힘이 있을 때 더 힘을 내는 것이 쓰러진 후에 인생 전체를 다시 일으켜 세우는 것보다 몇 배나 유리합니다. 또한 달릴 수 있을 때 페달을 밟아야 앞으로 나아갈 수 있습니다. 힘들다고 페달 밟는 일을 멈추면 결국 넘어지고 맙니다.

핸들을 반대로 돌리는 것이나 페달을 쉼 없이 밟는 데는 힘이 필요합니다. 힘에 부치거나 지치면 모든 것이 불가능해집니다.

인생을 잘살고 못 살고는 오직 지치지 않는 데 달려 있습니다. 🔔

영원

"변화 외에 불변하는 것은 없다."
- 헤라클레이토스 -

서로 사랑하는 남녀가 있습니다.

여자가 남자에게 묻습니다.

"우리 사랑은 영원할까?"

남자가 대답합니다.

"영원한 건 이 세상에 없어."

자신이 원하는 대답을 듣지 못해 서운해하는 여자에게 남자가 다시 말합니다.

"사랑도, 삶도 영원하지 않은 걸 아니까 내가 사랑할 수 있는

동안 만큼만이라도 최대한 사랑할 거야. 사랑이 영원할 것이라는
착각 속에 빠져서 느린 속도로 사랑하는 바보가 되고 싶진 않아."

이 세상에 영원한 건 아무것도 없습니다. 끝없이 괴롭기만 하거
나 끝없이 즐겁기만 한 일도 없습니다. 어떤 괴로운 일도, 심지어
어떤 즐거운 일도 끝이 보이기 마련 입니다.

이것이야말로 현재를 살고, 지금을 살아야 하는 이유 입니다. 🔔

하고 싶은 일, 해야 할 일

"선택의 순간들을 모아 두면 그게 '삶'이고, '인생'이 되는 거예요.
매 순간 어떤 선택을 하느냐. 그게 바로 삶의 질을 결정지어요."
- 드라마 <미생> -

우리는 매 순간 선택을 하며 살고 있습니다. 작게는 어떤 옷을 입을까부터 크게는 진로에 관한 결정에 이르기까지….

어찌 보면 인생은 수많은 선택의 연속이라 할 수 있습니다. 지금 내가 하고 있는 일이 어쩔 수 없던 선택이었든, 내가 의도적으로 선택한 것이든 내 삶의 일부이고, 내가 세상을 살아가는 방법입니다.

누구나 하고 싶은 일이 있기 마련입니다. 하지만 하고 싶은 일을 하며 사는 사람은 그리 많지 않습니다. 세상에는 자기가 하고 싶은 일은 하지 못하는 것에 불만을 가진 사람들로 가득 합니다.

● 스위스 '사랑의 불시착' 촬영지인 리기산 정상의 전망대—2022.07.27

    하고 싶은 일을 찾는 것이 빠를까요, 아니면 지금 하고 있는 일을 잘하는 방법을 찾는 것이 빠를까요? 🔔

걱정

"진짜로 걱정해야 될 때까지는 걱정하지 말라.
그러면 걱정할 일은 절대로 없을 것이다."
- 이드리스 샤흐 -

좋지 않은 일이 생겨 우울해하고 있는데 누군가 말을 건넵니다.
"저 말이야. 네가 걱정돼서 하는 말인데…."
'나는 아무런 말도 하지 않았는데 무엇이 걱정된다는 말이지?'
내가 왜 그러는지를 알고 있는 것 같아 기분이 찜찜 합니다.

별일 없이 잘 지내고 있는데 이런 말을 들으면 마음이 혼란스
러워 집니다. 내 얼굴이 어두워 보인다면서 다가와서는 말 한마디
툭 던지고 사라집니다. 그 말을 들은 당사자는 걱정이 없다가도
갑자기 걱정을 하게 됩니다. 마치 걱정을 하며 사는 것이 당연하
다는 듯이….

● 부산 해동용궁사(海東龍宮寺) 바다와 용과 관음 대불이 조화!–2020.11.26

　우리 주변에는 위로해 달라고 한 적도, 걱정해 달라고 한 적도 없는데 마치 나의 마음을 다 꿰뚫고 있다는 듯이 걱정스런 말을 건네는 사람들이 있습니다. 이런 사람들의 말을 들으면 평소 별 걱정 없이 살다가도 '뭔가 걱정을 하며 살아야 할 것 같은' 기분에 휩싸이게 됩니다.

　다른 사람의 말에 휘둘리지 않고 살기 위해서는 내가 삶의 주인공이 돼야 합니다. 내가 남의 걱정을 덜어줄 수 없듯이 남 또한 나의 걱정을 덜어줄 수는 없습니다. 내 인생이 나의 것이듯, 내 걱정도 나의 것이기 때문입니다.

　나에게 걱정스러운 듯한 말을 건네는 사람이 있다면 이렇게 말해 보세요.

　"고맙긴 하지만 제 걱정은 제가 할게요." 🔔

충고

"많은 사람이 충고를 받지만,
오직 현명한 자만이 충고의 덕을 본다."
- 푸블릴리우스시루스 -

15세기 인문주의자였던 에라스뮈스는 "요구받기 전에 충고하지 말라."고 말했습니다. 그런데 이 세상에는 충고를 해 달라고 요청하는 사람은 없다는 것이 문제지요. 현명한 사람은 자신이 현명하기 때문에 충고가 필요하지 않고, 어리석은 사람은 어리석기 때문에 충고를 귀담아들으려 하지 않습니다. 사람들은 대개 충고를 거부합니다. 충고를 들으면 마음이 불편해지니까요.

충고는 양면성을 지니고 있어서 진정성이 있으면 상대방이 고마움을 느끼지만, 자신의 생각을 강요하는 듯한 태도를 취하면 남의 행동을 지적하는 꼴이 돼버리고 맙니다.

누구나 싫든 좋든, 자의든 타의든 한 번쯤 다른 사람에게 충고

● 중국 장쑤성 공업도시 우시(무석)의 삼국성+수호성 촬영세트장!–2016.09.29

를 하게 될 기회가 생깁니다. 충고를 하고 싶은 마음이 들 때면 '내 삶도 제대로 살고 있지 않은데 남에게 충고를 한다고?'라는 생각을 하게 됩니다. 별생각 없이 충고했다가도 뒤돌아서면 이런 생각이 들곤 하는 것이 인지상정 이지요.

하지만 뒤집어 생각해 보면 꼭 그렇게만 생각할 것도 아닌 것 같습니다. 내가 경험을 통해 얻는 답이 그들에게 답이 될 수 없는 건 나도 알고, 상대방도 알기 때문 이지요.

다른 사람의 이런저런 생각을 듣고 나름의 정답을 찾아 나선다 면 그 또한 가치 있는 일이 되지 않을까요? ♤

말의 무게

"정말 어이가 없어서…"

친구를 만나러 간다던 아들이 집으로 돌아와 잔뜩 성이 난 얼굴로 말을 꺼냅니다.

"왜 무슨 일이 있었어?"

"오랜만에 만난 친구에게 장난삼아 말 한마디를 했다가 크게 싸웠어요. 왜 그까짓 걸로 화를 내는지 이해가 안 돼요. 소심한 녀석…."

"뭐라고 말했는데?"

● 오스트리아 짤츠부르크 구시가지로 넘어가는 잘 차흐강에 놓여진 슈타츠 다리를 건너기 직전
  강변에 자리한 저택 마당서 지휘봉을 들고 있는 카라얀의 동상!-2014.09.19

"그냥 그동안 무슨 일이 있었기에 이렇게 살이 쪘느냐고 했어요. 그냥 웃자고 한 말인데 갑자기 화를 내더라고요."

"사과를 하는 게 좋을 것 같은데…"

"제가 왜요? 친구끼리 그런 말도 못하나요?"

누구에게나 예민하게 받아들이는 부분이 있기 마련입니다. 그런 부분이 있다고 해서 그 사람이 소심하다고, 잘못됐다고 말할 수는 없겠지요.

내가 가볍게 느끼는 말이라도 남에게는 무거운 무게로 느껴질 수 있습니다. 내 말이 가벼운지, 무거운지는 내가 아니라 내 말을 듣고 있는 상대방이 결정하는 것입니다.

내가 가볍게 생각하는 말도 상대방이 무겁게 느낄 수 있고, 무겁게 생각하는 말도 가볍게 느낄 수 있습니다. 말의 무게에 관한 기준은 누가 정해 놓은 것도 아닐 뿐더러 정할 수 있는 성질의 것도 아닙니다.

사람은 자기만의 저울로 말의 무게를 측정하기 때문입니다. 🔔

그래도

다들 "힘내요."라고 말할 때마다 어찌할 바를 모르게 된다./
"힘내요."라고는 하지만 어떻게 힘을 내야 할지 알 수가 없다./
힘을 낼 방법이 없어 슬퍼하고 있는데….
– 카타야먀 쿄이치<비오는 날 돌고래들은> –

이 세상에 힘든 일을 겪지 않고 사는 사람은 없습니다. 스스로 행복하다고 생각하면서 사는 사람조차 힘든 일은 있기 마련입니다. 힘들다고 느낄 때마다 지쳐버리기에는 우리의 삶이 너무 길고, 소중합니다.

나이가 어릴 때는 힘들어도 끝까지 버티는 것이 멋진 일이라 생각했지만 나이를 한 살, 두 살 더 먹게 되면서는 끝까지 버티는 것보다 잠시 모든 걸 내려놓고 쉬었다 가는 것도 인생을 지혜롭게 사는 방법이라는 생각이 듭니다. 안 되는 일을 되게 하려다가 모든 걸 잃는 것보다는 비록 잃는 것이 있더라도 조금씩 삶에 양보하며 사는 것이 결국 남는 장사라는 사실을 깨닫게 되는 것이지요.

● 부산 송도 해상공원–암남공원–용궁구름다리와 용궁섬 유원지–2020.11.27

　인생이 힘들다고 느끼는 이유는 '그래도' 살아보려고 노력할 마음이 있기 때문입니다. 삶이 정말 힘들다면 힘들다는 생각조차 나지 않겠지요.

　언젠가는 무겁게 느껴지던 순간들이 가볍게 느껴지는 순간이 분명 올 것입니다. 내가 변하든 나의 삶이 변하든 그러한 순간은 반드시 찾아 옵니다.

　'그래도 한번 살아보자.'라며 하루하루 살다 보면 '살아보길 잘했다.'라는 생각이 들게 되는 날이 오지 않을까요? 🔔

벌어진 일들

"이미 끝난 일을 말하여 무엇하며,
이미 지나간 일을 비난하여 무엇하리."
- 공자 -

사람들은 가끔 자기 자신에게나 남에게 '만약 과거로 돌아가면 무엇을 하고 싶으냐?'라고 묻곤 합니다. 인간은 쉽게 변하지 않은 존재라는 것을 잘 알면서도 지난날을 붙잡고 쉽게 놓지 못하고 살고 있는 것입니다.

과거로 돌아가 나중에 후회하지 않을 자신이 있다면 과거로 눈을 돌리는 일이 의미가 있겠지만, 그럴 자신이 없다면 적어도 이미 지나간 과거에 얽매일 이유가 없습니다. 사람들은 대개 과거에 얽매이는 일이 얼마나 무의미하고 무가치한 일이라는 것을 알면서도 매번 악순환을 되풀이하며 살고 있습니다.

● 중국 산둥성 곡부―공묘(사당)―공부(생가)―공묘의 공자 입상!―2013.09.08

과음을 한 다음날이 힘든 이유는 몸이 힘들어서가 아니라 술자리에서 했던 말이나 행동이 생각나지 않기 때문입니다. 사람들은 대개 끊어진 기억을 되살리려고 애를 씁니다. 설사 모든 것을 기억해낸다고 하더라도 이미 지나간 일일 뿐입니다.

끊어진 기억을 떠올려 본들 마음만 괴로울 뿐인데, 그걸 굳이 끄집어 내려고 합니다.

이 세상에서 바꿀 수 없는 건 이미 벌어진 일들 입니다. 바꿀 수 없는 일이 존재한다는 건 참으로 힘든 일입니다. 그러나 이를 쉽게 받아들이지 못하면 삶이 힘들어 집니다.

떠나기로 마음먹은 사람은 아무리 붙잡아도 소용없고, 이미 지나가 버린 시간은 절대로 되돌려 놓을 수 없습니다. 이렇듯 흘러가는 대로 살아가는 것이 인생 입니다. 어쩔 수 없는 과거를 부여잡고 사는 것만큼 바보 같은 일은 없습니다.

아무리 큰일도, 아무리 나쁜 일도 지나고 보면 아무 일도 아닐 수 있습니다. 가장 심각한 문제는 이미 지나가 버린 큰일과 나쁜 일을 마음속에 담아 놓고 사는 것입니다.

과거는 내 인생의 창가에 내려앉은 '먼지'와 같은 존재 입니다. 털어내지 않으면 계속 쌓이지만 털어내면 순식간에 사라집니다.

이미 벌어진 일에 시간을 낭비하지 마세요. ♩

이기적인 것

다른 사람의 상황, 입장, 기분 등을 생각하지 않고 오직 자신만을 생각하는 사람을 '이기적인 사람'이라고 합니다.

사람들은 종종 이기적인 사람에게 "너 그렇게 살지 마."라고 말하면서 이기적으로 살지 말 것을 강요합니다.

하지만 사람은 근본적으로 이기적입니다. 이기적이 아닌 사람은 없습니다. 이기적인 마음이 이타적인 마음보다 조금 더 있느냐, 조금 덜 있느냐의 차이일 뿐이지요.

이기심이 타인의 행복을 방해할 정도가 아니라면 이기적인 것이 꼭 나쁜 것만은 아닙니다. 결국 이타적인 마음도 내가 행복해

● 헝가리 수도 부다페스트, 전망대인 겔레르트 언덕의 동상!-2014.09.16

야 우러납니다. 바꿔 말하면 내가 행복해야 다른 사람의 행복을
돌아보게 되는 것입니다.

　너무 힘들면 그냥 자신만 생각 하세요. 🔔

괜찮아,
괜찮아

나를 사랑하고자 하는
당신의 삶에 놓인 작은 소품

제3부

나를 힘들게 하는 건

핑계

"하고 싶은 일에는 방법이 보이고,
하기 싫은 일에는 핑계가 보인다."
- 필리핀 격언 -

"왜 늦었어?"

"이, 그게 사실은…."

"또, 또, 또 핑계. 아휴 지겨워."

"…."

핑계는 대라고 있는 거 아닌가요? 핑계가 없다면 이 각박한 세상 한순간이라도 살아갈 수 없을 겁니다(저만의 생각인진 모르지만).

핑계라는 건 삶이 힘들어 포기하고 싶을 때, 실패의 늪에 빠져 허우적대고 있을 때, 다시 한번 용기를 내 일어나고 싶을 때, 무능

● 눈 덮인 산행은 설레임과 두려움이 반이다 >>칠보산 등산!-2013.01.19

력한 자신이 너무 싫어질 때 사용하는 것입니다.

핑계만으로는 더 나아질 순 없겠지만, 거듭되는 실패와 각박한 세상 앞에선 때론 핑계가 필요합니다.

스스로를 미워하지 않게, 포기하지 않게, 계속 살기 위해서 말이지요. 🔔

남이 되어 본다는 것

"남들을 감동시키려면 우선 자기 자신부터 감동하지 않으면
안 된다. 그렇지 않으면 아무리 뛰어난 작품이라도
생명이 길지 못하다."
- 밀레 -

사람들은 으레 자신에게 힘든 일이 있을 때 누군가를 붙잡고
이야기를 하고 싶어 합니다. 그런데 자신의 이야기를 들어주는 사
람이 귀를 기울여 듣고 있지 않거나 건성으로 듣고 있는 듯한 느
낌을 받으면 "그렇지 뭐, 기대를 한 내가 잘못이지. 이 세상에는
내 이야기를 들어줄 사람이 없어."라며 이내 마음의 문을 닫아 버
립니다.

사람 간의 관계에서 가장 중요한 것 중 하나가 바로 '공감'입니
다. 상대방의 마음을 헤아려 보는 것, 내가 실제로 겪어보지 않았
더라도 상대방의 입장이 되어 보는 것이 바로 공감입니다. 상대방

의 감정을 온전히 이해하지 못하면 공감이라 할 수 없지요.

　공감은 상대방을 이해하고 있다는 것을 전제로 합니다. 상대방을 이해하지 않으면 공감의 폭이 줄어들기 때문에 힘들어 하는 상대방의 마음속으로 온전히 걸어 들어가지 못합니다.

　하나의 감정은 상황을 동반하기 때문에 상황을 이해하지 못하면 그 사람의 감정을 읽지 못하게 됩니다. 따라서 내가 상대방에게 공감해 주고자 마음 먹었다면 어떤 상황 때문에 그런 감정을 갖게 됐는지를 정확히 물어봐야 합니다. '그냥 힘들어 하니까, 그냥 나와 이야기를 하고 싶어 하니까 조금만 인내심을 갖고 들어주다 보면 차차 나아지겠지.'라는 마음가짐으로 대화를 하면 머지 않아 바닥이 드러나고 맙니다. 인내심이 바닥이 나면 이내 얼굴에 나타나고, 결국 상대방도 그 낌새를 느끼게 됩니다. 만약 이런 상태가 되면 공감은 저만치 달아 납니다.

　공감은 실로 대단한 능력을 지니고 있습니다. 공감은 때로 한 사람을 사지에서 구해 내기도 합니다. 주변에 '내 마음이 들리나요?'라고 묻고 있는 사람이 있다면 지금 바로 다가가 힘들어 하는 이유를 물어보고 다정한 말로 이렇게 말해 보는 건 어떨까요.

　"아, 그랬구나." 🔔

노력한 만큼 되진 않아

"어떤 사람은 아름다운 장미꽃에 가시가 있다고 불평하지만
나는 쓸데없는 가시나무에 장미가 핀다는 것에 감사한다."
- 알퐁스 카 -

우리는 오랫동안 '자신이 노력한 만큼 댓가가 주어지고, 절실하게 원하는 만큼 이루어진다.'라는 말을 참 많이 듣고 사라왔습니다. 곰곰 생각해 보면 이 말이 무조건 맞는 말만은 아닌 것 같습니다.

우리 주변에는 아무리 노력해도 안 되는 일이 있고, 아무리 절실하게 원해도 이루어지지 않는 일이 너무나 많기 때문이죠. 혹자는 '노력이 부족해서'라거나 '절실함이 부족해서'라고 말하는 사람도 있겠지만, 남들보다 노력하고 뭔가를 절실히 원했던 사람의 입장에서는 억울한 일이 아닐 수 없습니다.

사람의 마음속에는 자신이 원하면 무엇이든 이루어질 것이라는 일종의 믿음 같은 것이 있기 때문에 현실과 이상 사이에서 무

● 일본 홋카이도 삿뽀로 도야의 전망대!-2018.06.30

척 힘들어 하고 괴로워 합니다.

우리가 사는 세상에서는 자신이 원하는 것을 모두 이룰 수 없다는 것을 인정해야만 괴로움에서 하루빨리 벗어날 수 있습니다. 원하는 것을 모두 이룰 수 없고, 그것이 한낱 꿈일 뿐이라는 것을 알게 되면 세상을 조금은 맘 편히 바라볼 수 있게 됩니다.

모든 일의 가치는 노력하는 과정 속에 존재 합니다. 결과야 어떻든 그건 내 몫이 아닙니다. 결과를 있는 그대로 받아들이지 않고 아등바등하면서 살면 남는 것은 괴로움 뿐 입니다. 안 되는 일에 매달려 괴로워 하는 것이 과연 바람직한 삶인지 되돌아 봐야 합니다.

안 되는 일에 눈을 돌리지 말고 내가 할 수 있는 일에 눈을 돌려 보세요. ○

물어보지 마라

"가장 용감한 행동은 자신을 위해 생각하고
그것을 외치는 것이다. 큰 소리로."
- 가브리엘 샤넬 -

"왜 당신은 맨날 그 모양이야?"

"내가 뭘 잘못했는데'?"

"길거리의 다른 사람에게 물어봐. 누구 말이 맞는지"

"왜 다른 사람에게 물어봐야 하는데? 이건 우리 문제잖아. 다른 사람이 어떻게 생각하든 무슨 의미가 있는데?"

나이를 먹어갈 수록 내 맘대로 산다는 것, 나대로 산다는 것이 얼마나 어려운 일인지를 깨닫게 됩니다. 세상을 살다 보면 내 자신의 생각보다는 남의 말에 휘둘리는 때가 많습니다.

정작 본인은 안 그러려고 하는데도 어느 순간 남의 말이 떠올라 주저하기도 합니다. 때론 남의 눈이 무서워 내 맘대로 하지 못하고 괴로워 합니다.

인생은 어차피 실패와 후회의 연속 입니다. 남의 말을 들어서 후회를 하게 되든, 내 맘대로 해서 후회를 하게 되든 결과는 마찬가지 입니다. 내 말보다 남의 말이 중요하고, 내 생각보다 남의 생각보다 중요해 지는 순간 인생은 전혀 뜻하지 않은 방향으로 흘러 갑니다.

사람은 누구나 인생을 처음 살아 봅니다. 삶이 서툰 것도, 실수를 하는 것도 자연스러운 것입니다. 남의 인생이나 내 인생이나 서툰 것은 매한가지 입니다. 내 식대로, 내 방식대로 사는 것이 최선입니다.

내가 지닌 문제를 남에게 묻지 말아야 하는 이유, 세상을 내 맘대로 살아야 하는 유일한 이유는 인생을 더욱 폼나게 실패하기 위해서 입니다.

초조해 하지 말고 가만히 내가 하는 말에 귀를 기울여 보세요. 그리고 남들의 시선으로 부터 자유로워 지세요. ♩

현실

"일반적으로 주어진 인생의 의미라는 것은 없다.
인생의 의미는 스스로가 자기 자신에게 부여하는 것이다."
- 알프레드 아들러 -

지금 나의 현실은 누가 만든 것일까요? 적어도 남이 만든 것은 아니 겠지요. 하지만 사람들은 "어쩔 수 없었어.", "내가 가진 것 없이 태어났기 때문이야." 라는 말로 현실을 부인하려 합니다. 나의 현실이 나 이외의 다른 상황이나 사람들이 만든 것이라고 믿으면 마음만은 편할 것입니다. 내 탓이 아니니까요. 하지만 현실은 바뀌지 않습니다.

문제를 스스로 만들어 놓고 매번 힘들다고 말하는 사람은 고통을 즐기는 사람일 확률이 높습니다. 만약 내가 그런 사람이라면 고통을 다른 사람과 분담하려고 해서는 안 됩니다. 이러한 마음이야말로 이기적인 것입니다. 내가 만든 현실 때문에 일어난 문제를

● 부산 송도 해상공원-남포동 자갈치시장!-2020.11.27

다른 사람에게 해결해 달라는 것과 다름없기 때문 이지요.

　내가 세상이 중심이 되고 현실을 만든 장본인이 바로 나라는 의식이 생기면 내가 세상의 중심에 서게 됩니다. 내가 세상의 중심에 서게 된다는 것은 곧 나의 삶을 내가 컨트롤할 수 있다는 것을 의미 합니다.

　고통스러운 현실에서 벗어 나려면 현실은 그 누구도 아닌 내가 만든 것이라는 사실을 인정해야 합니다. 그래야만 비로소 현실을 바꿀 수 있는 추진력이 생겨 납니다.

　인생의 방관자가 되길 원치 않는다면 네 탓인지, 내 탓인지를 먼저 따져 보세요. ♩

몸이 기억하는 것

"승리하면 조금 배울 수 있고,
패배하면 모든 것을 배울 수 있다."
- 크리스티 메튜슨 -

인생은 수없는 넘어짐의 연속입니다. 어쩌다 넘어지기도 하고, 자주 넘어지기도 하고, 계속 넘어시기도 하지요. 이때 중요한 것은 '딛고 일어 나느냐, 주저앉아 있느냐?'입니다. 넘어지는 걸 두려워하면 일어나는 법을 배울 수 없습니다. 넘어져 봐야 일어나는 방법을 알게 됩니다.

넘어지는 것이 두려워 멈춰 서면 더 이상 한걸음도 앞으로 나아갈 수 없습니다. 넘어지는 횟수가 거듭 될수록 일어나는 일이 익숙해 집니다.

나이가 들수록, 어른이 될수록 넘어지는 것에 대한 두려움이 더 크게 느껴집니다. 이건 자연스러운 현상입니다. 나이가 어릴 때는

● 중국 산둥성 泰山(해발1,545m) 정상의 天街 입구—2013.09.12.

'지금 넘어져도 다시 일어나면 돼. 시간이 있으니까.'라고 생각할 수 있지만 나이가 들면 조급해 집니다. 다시 일어나서 뭔가를 시작할 시간이 부족하다고 느끼기 때문이지요. 하지만 이 세상에 늦은 건 없습니다. 다만 조금 더딜 뿐이지요.

넘어졌다가 일어난 경험은 머리는 잊을지 몰라도 몸은 기억합니다. 계속 넘어지지 않는 것, 가능한 한 넘어지지 않으려고 노력하는 것 못지않게 넘어졌다 일어나는 것도 중요 합니다.

넘어지는 것 자체는 실패가 아닙니다. 일어나려고 하지 않는 것이 진짜 실패 입니다. 🔔

내가 아는 사람, 나를 알아주는 사람

"관계의 질이 곧 삶의 질이다."
- 앤서니 로빈스 -

우리 주변에는 자신이 아는 사람이 많은 것을 자랑스러워하는 사람이 많습니다. 이런 사람들은 대개 '나 혼자만으로는 절대로 성공할 수 없어.'라는 생각을 하고 있습니다. 은연중에 '인맥은 곧 성공'이라는 믿음을 갖고 있는 것이지요. 하지만 한 사람의 성공에 인맥이 작용하는 경우는 드뭅니다.

인맥을 쌓기 위해 별로 좋아하지도 않는 사람들과 만나고, 술을 마시는 시간에 내실을 기하는 것이 성공에 좀 더 빨리 다가가는 지름길 입니다.

인간은 이기적인 동물 입니다. 자신에게 이익이 되지 않으면 다

● 중국 장쑤성 화시춘(華西村) : 중국이 자랑하는 고소득 농촌 마을 天下第一村!-중국에서
　가장 잘사는 농촌의 표상이 된 화서촌은 탄생 50주년 기념으로 주민들이 낸 5500억원으로
　세계 15번째 높이인 328미터 72층의 최고급호텔을 착공한지 4년만에 화려하게 오픈하였다.
　-2018.04.17

른 사람을 도와주거나 다른 사람의 일에 관심을 갖지 않습니다. 나중에라도 자신에게 도움이 될 거라 생각 하거나 자신의 일과 연관되어 있는 사람의 곁에만 남아 있으려고 합니다.

식품과 마찬가지로 '사람 간의 관계'에도 유통기한이 있습니다. 관계는 언젠가는 끝나게 돼 있지요. 이렇게 언젠가 끊어질 인맥에 집착해 아까운 시간과 돈을 낭비해선 안 됩니다. 이러한 사실을 망각하고 인맥을 쌓는 일에 몰두하다 어느 날 주변을 돌아보면 아무도 없다는 것을 깨닫게 되지요.

내가 아는 사람이 많다는 건 내가 신경을 써야 할 사람이 많다는 걸 의미 합니다. 관계를 유지하기 위해서는 시간적 으로든, 금전적 으로든 많은 에너지를 써야 합니다. 때론 원치 않는 술자리에도 나가야 하고, 때론 내키지도 않는 부탁을 들어야 할 때도 있습니다. 나 또한 상대방이 필요 없다고 느낄 땐 그 사람 곁을 떠나듯이 다른 사람 또한 내가 필요 없다고 느낄 땐 나를 떠날 것입니다. 그리고 결국 남는 건 허망함 뿐 입니다.

내가 아는 사람이 많은 걸 자랑할 것이 아니라 나를 알아주는 사람이 많은 걸 자랑스러워 하는 것이 낫지 않을까요? 🔔

괜찮은 사람

"세상에서 가장 중요한 것은 내가 진정 나다워질 수 있는
방법을 아는 일이다."
- 미셸 몽테뉴 -

　사람은 누구나 나이가 들수록 시선이 자신을 향하게 됩니다. 젊었을 때는 내가 아닌 다른 사람에게 관심을 더 갖지만 나이가 들면 내 삶은 어떠했는지, 앞으로 남은 생은 어떠해야 하는지를 돌아보게 되지요.

　사람들은 자신이 얼마나 괜찮은 사람인지를 모르고 삽니다. 얼마나 능력이 있는 사람인지, 무엇이든 잘할 수 있는 사람인지 알려고도 하지 않습니다. 잘한 것보다는 잘못한 것, 칭찬을 받은 것보다는 꾸중을 들은 것, 남에게 위로를 해준 것보다는 상처를 준 것, 힘이 되어 준 것보다는 부담을 준 것이 좀 더 많이, 좀 더 오래

기억에 남아 있기 때문입니다.

부모님께 제대로 효도하지 못했고, 여자(남자) 친구에게 또는 아내에게 따뜻한 말 한마디 제대로 건네지 못했으며, 부모로서도 제 역할을 하지 못한 것 같아 마음이 무겁기만 합니다.

잘 잘못은 내가 아닌 남의 기준일 뿐, 그것이 나를 평가하는 기준이 되어선 안 됩니다. 내가 남에 비해 부족하면 부족한 대로, 넘치면 넘치는 대로 살면 그뿐 입니다.

남과 비교해서 부족한 삶을 살았다고 해서 내가 괜찮지 않은 사람인 것은 아니니 까요. 자신에게 좀 더 너그러워 지세요. 비록 잘못도 많이 했고, 주변 사람들을 많이 힘들게 했다고 해서 자신을 비난하고 다그치지 마세요.

괜찮지 않은데 괜찮은 척하거나, 괜찮은데 괜찮지 않은 척하는 것도 자신을 속이는 일입니다. 살아가면서 적어도 한 번쯤은 '내가 괜찮은 사람일 수도 있겠다.'라는 생각을 해보시길 바랍니다.

자신을 남의 잣대로 비교하지 말고 자신을 괜찮은 사람이라 생각하며 착각하며 사는 것도 나름 인생을 현명하게 사는 방법이 아닐런지…. 🔔

아무것도 아니다

"자신을 경멸하는 사람은 경멸하는 자신을 존중한다."
- 프리드리히 니체 -

   날이 갈수록 세상살이가 녹록지 않은 것 같습니다. 하지만 사람마다 세상살이를 대하는 태도는 다른 것 같습니다. 세상살이를 대수롭게 생각하느냐 대수롭지 않게 생각하느냐에 따라 삶의 무게가 달라 집니다. 내가 아무것도 아니라고 생각하면 아무것도 아닌 것이 되고 아무것이라 생각하면 아무것이 됩니다.

   세상 사람들이 자존감이라 얘기하는 것도 알고 보면 스스로를 아무것이라 생각하느냐, 아무것도 아니라 생각하느냐를 달리 표현한 말일 뿐입니다. 나를 인정하면 자존감이 생기고, 인정하지 않으면 자존감이 달아 납니다.

● 중국 저장성 溫州市 소수 민족이 거주하는 산장 마을!– 2018.08.09

　자존감은 남이 만들어주는 것이 아니라 자기 스스로 만드는 것입니다. 우리 주변에는 누가 머라 하지 않는데도 스스로를 깎아내리는 사람이 너무나 많습니다. 스스로 시험 문제를 내고 그 문제를 풀지 못하는 자신을 원망합니다.

　남을 배려해야 한다고 생각하는 만큼만이라도 자신을 배려하세요. 자신을 배려하는 마음이 깊어 져야만 자존감이 우러 납니다. 나보다는 남이 먼저라는 생각이 앞서면 온전한 '나', 주체로서의 '나'는 온데간데 없어 집니다.

　이 세상 무엇보다 중요한 건 '내가 나와 가장 사이좋게 지내는 것', 그리고 '내가 먼저라는 것'입니다. ♫

한 겹

"나는 의인인 동시에 죄인이다. 왜냐하면 나는 악을 행하고,
또한 악을 미워하기 때문이다."
- 루터 -

"나 원 참, 기가 막혀서…."

"왜 그래? 무슨 일 있어?"

"아니, 아랫집 여자가 동네방네 내 욕을 하고 다닌다네."

"그 얘긴 누구한테 들었어?

"앞집 애 엄마가 말해 주던데?"

"…."

이 세상에 남의 욕을 하지 않고 사는 사람이 몇이나 될까요? 겉으론 사람 좋은 척하면서도 속으론 남 욕을 하며 사는 것이 인간입니다.

● 인천공항2터미널 국제선탑승장에 설치된 조형물─2024.06.14

　사람의 마음은 한 겹이 아닙니다. 남에게 보이는 모습이 있는가 하면, 보이지 않는 모습도 있고, 심지어 잠재돼 있는 모습도 있습니다. 다른 사람의 마음이 한 겹이라면 좋은 사람, 나쁜 사람을 구별하기가 엄청 쉬울 텐데 여러 겹이라서 내 곁에 어떤 사람이 필요한지 판단하기가 쉽지 않습니다.

　사람의 생각과 취향은 가지각색이라서 나의 언행이 어떤 사람에게는 좋게 보이지만, 어떤 사람에게 나쁘게 보입니다. 모든 사람에게 좋게 보인다는 것은 어찌 보면 불가능한 일인지도 모릅니다.

　누가 내 험담을 한다는 얘길 듣더라도 모른 척하세요. 내가 아무렇지도 않게 받아들이면 아무 일도 아닌 게 되지만, 심각하게 받아들이면 심각한 일이 되는 법이니까요. ♤

올 사람, 갈 사람

어리석은 사람은 인연을 만나도 몰라보고,
보통 사람은 인연인 줄 알면서도 놓치고,
현명한 사람은 옷깃만 스쳐도 인연을 살려낸다."
- 피천득 -

　사람은 좋아하는 사람은 곁에 두려 하고, 싫어하는 사람은 멀리
하려 합니다. 이러한 이유로 사람은 늘 좋아하는 사람에게 집착합
니다. 이 세상에 영원한 것은 없듯이 사람 사이의 인연도 영원하
지 않습니다.

　세상의 모든 인연은 모두 끝이 있습니다. 끝에 이르면 떠나게
되어 있는 것이 세상의 이치입니다. 내가 좋아하는 사람이 떠나려
한다는 것은 인연이 끝에 이르렀기 때문 입니다.

　좋아하는 사람을 내 곁에 두려 애쓴다고 해서 붙잡아지는 것도
아니고 움켜쥐고 놓지 않으려 한다고 해서 갈 사람이 가지 않는
것도 아닙니다. 올 것은 오고 갈 것은 간다는 마음으로 세상을 살

다 보면 마음이 편안해 집니다. 내 의지로 되지 않는 일을 부여잡고 사는 것보단, 오고 가는 것을 자연스럽게 받아 들이는 것이 인생을 잘사는 방법입니다.

내버려 두세요 그리고 가만히 바라만 보세요. 내 이지대로 되지 않는다고 해서 실망해서도, 비관해서도 안 됩니다. 내 곁에 있던 사람이 떠난다면, 떠난 사람이 돌아오지 않으면 그건 처음부터 그렇게 되기로 정해져 있던 것이라 생각하고 무심히 잊어버리고 사세요.

세상만사를 담담하고 담백하게 바라 보세요. 짜면 짠 대로, 싱거우면 싱거운 대로 살아 가세요. 나의 마음이 자유로워지고 평안해지면 모든 것이, 모든 일이 좋아 집니다. ♤

크고 넓게

"같은 나무를 보더라도 우둔한 사람과 현명한 사람은
다른 것을 본다."
- 윌리엄 블레이크 -

"내가 왜 이 생각을 하지 못 했을까?"

사람들은 일을 그르치거나 망치고 나면 으레 후회의 말을 내뱉습니다. 그 당시에는 왜 그 생각을 못했을까를 곰곰 생각해 보면 당시의 상황에 매몰된 나머지 해결해야 할 문제나 상황을 크고, 넓게 바라보지 못했기 때문이라는 것을 알게 됩니다.

시야가 크고 넓으면 평소 안 보이던 것들이 보이고, 미처 몰랐던 사실을 알게 됩니다. 좁은 시야로 문제를 바라보면 해결해야 할 문제만 보이지만, 크고 넓은 시야로 바라보면 해당 문제뿐만 아니라 주변 환경이 보이고, 그 문제가 초래할 결과도 보입니다.

● 중국 푸젠성 샤먼시(廈門市)- 남부 구라위섬 전망대!-2019.07.28

크고 넓게 보면 이루는 바가 커집니다. 어찌 보면 단순한 논리입니다. 하지만 대부분의 사람들은 눈앞에 있는 현실만 바라본 나머지 일을 쉽게 그르칩니다.

미래는 사물을 어떻게 바라 보느냐에 따라 달라 집니다. 선한 마음으로 바라보면 세상이 아름답게 보이듯이 크고 넓은 마음으로 바라보면 세상이 달라 보입니다.

세상을 더도 말고 덜도 말고 한 발짝만 떨어져서 바라 보세요. 🔔

실망하지 말자

"실패하면 실망할지도 모른다.
그러나 시도도 안 하면 불행해진다."
- 비벌리 실스 -

자전거가 앞으로 내달리려면 페달을 빠르게 든, 느리게 든 쉴 새 없이 밟아야 합니다. 잠시라도 페달 밟는 일을 멈추면 자전거가 넘어지게 되지요. 모든 일은 노력을 하는 것 만으로도 의미가 있습니다.

뭔가 잘못을 했더라도, 원하는 바를 이루지 못했더라도 그것을 위해 노력을 했다면 자신에게 실망하지 마세요. 뭔가를 잘 해내고 원하는 바를 이루었다면 잘해 낸 것이 대견한 것이고, 그 반대라면 이제까지 애쓴 것이 대견한 것 이니까요.

자신의 인생에 물음표를 달지 말고 쉼 없이 노력하다 보면 관성이 생기고 머지않아 목적지에 닿을 거라는 생각을 멈추지 마세

● 홍콩 30년 만에 찾은 변함없는 시내 전경~!-2018.11.09

요. 조금은 잘못해도 됩니다. 남에게 칭찬 받으려고 사는 인생이
아니니 까요.

자신에게 실망하지 마세요. 실망하면 지치게 되고 페달을 밟는
일을 까먹게 됩니다. 자신이 한시라도 의심하지 말고, 자신을 믿
고 천천히, 아주 천천히 페달을 밟아 나가세요.

적어도 자신이 한 일 때문에 지치는 일은 없도록, 스스로에게
부끄러워질 일은 없도록, 내가 지금 해야 할 일을 묵묵하게 해 나
가세요.

그런 다음 세상에 외치세요. 나는 최선을 다했노라고. 🔔

영화 같은 현실

현실에서는 도저히 불가능한 영화 속의 장면을 보게 되면 나도 모르게 웃음이 새어 나옵니다. 가령 주인공이 수천 발의 총을 맞고도 살아 난다거나, 도저히 불가능할 것 같은 상황에서 극적 반전을 이루는 것 말입니다.

주인공이 불사신이 되는 장면을 영화니까 그럴 수 있다 쳐도, 영화와 같은 반전은 누구나 한 번쯤은 이룰 수 있습니다. 포기하지만 않는다면 말이지요.

우리 주변에 조금만 눈을 돌려 보면 자신을 포기하지 않아서, 끝까지 물고 늘어져서 결국 해내고야 마는 사람들을 쉽게 찾아볼 수 있습니다. 우리는 그런 사람들의 삶을 보면서 그냥 '대단한 사

● 제주도(濟州道) 카메리아힐 갈대정원-2024.11.18

람이군. 훌륭해.' 라고만 생각했을 뿐, 내면화하는 데는 인색한 인생을 살았습니다.

인생에는 분명 나로서는 어쩔 수 없는 지점이 있습니다. 이 지점에 이르렀을 때 '이젠 어쩔 수 없군.'이라며 체념하는 것이 '다시 해 볼 거야. 난 할 수 있어.'라며 헛된 희망을 가지는 것보다 현명할 수도 있습니다. 그래야만 기나긴 인생 앞에 겸손해 질 수 있을 테니까요. 하지만 이건 너무 뻔한 결말 입니다. 영화가 아니라 다큐일 뿐 이겠지요.

이미 늦은 걸 알더라도, 해 봐야 어쩔 수 없다는 것을 알더라도 지레 겁을 먹고 손을 놓아버리는 것보다는 내 인생에 아름다운 반전 하나쯤은 가슴 속에 품고 사는 것이 어떨런지요. ♤

맘에 들지 않는다고

"성공은 최종적인 게 아니며, 실패는 치명적인 게 아니다.
중요한 것은 지속하고자 하는 용기다."
- 윈스터 처칠 -

여러분은 자신의 인생이 맘에 드시나요? 아마도 맘에 드는 사람은 거의 없을 것입니다. 돈이 있든 없든, 인생이 평탄하든 굴곡져 있든 나름의 기준이 다르기 때문이지요. 맘에 안 든다고 해서 인생을 다시 쓸 수 있다면 아마도 수십 번은 더 시도했을 겁니다. 인생은 한 번 뿐이기에 마음에 들든, 안 들든 모두 지우고 다시 쓸수는 없습니다.

배우들 중에는 작품이 자신의 마음에 들지 않으면 출연을 하기 꺼려하는 사람도 있습니다. 이 작품은 이 부분이 맘에 안 들어서 거르고, 저 작품은 이 내용이 맘에 안 들어서 거릅니다. 그러면 결국 출연하는 작품의 수가 줄어들게 됩니다. 그래서는 배우로서 성

● 베트남(Vietnam) 최고의 휴양지 붕따우-2018.12.23

공할 수 없습니다. 배우가 마음에 드는 작품으로 성공하는 것은 자신이 직접 대본을 작성하지 않는 한 일어날 수 없는 일입니다.

인생은 누구에게나 주어진 것입니다. 내게 주어진 수많은 선택지 중에서 선택하는 일만이 남아 있을 뿐입니다. 묵묵히 하나하나 해내다 보면 인생이 맘에 드는 순간이 찾아올 것이고 그동안의 맘고생이 위로와 보상을 받을 날이 있을 것입니다.

인생은 맘에 안 든다고 내팽개쳐질 존재가 아닙니다. 맘에 들고 안 들고는 남이 정하는 것이 아니라 내가 정하는 것입니다. 눈높이를 낮추고 스스로 되뇌어 보세요.

'잘하고 있어, 지금 처럼만 해.' 🔔

난 왜 이리 힘들게 살까

"가장 어두운 시간은 해뜨기 바로 직전의 시간이다."
- 파울로 코엘로, <연금술사> -

어느 날 회사에 다니는 딸이 물었습니다.

"아빠, 난 왜 이렇게 힘들게 살까?

이 말을 듣고 선뜻 답해 줄 말이 떠오르지 않았습니다.

"너만 그렇게 사는 거 아니야. 이 세상 사람들이 모두 힘들게 살아. 그러니 엄살 피우지 마." 라고 말하려다가 이내 삼켜 버렸습니다. 그런 대답을 듣자고 꺼낸 말은 아닐 거란 느낌이 들었기 때문 이지요.

행복과 불행 중에서 어느 것이 우리 인생에서 더 큰 비중을 차지하고 있을까요? 제가 철학자가 아니어서 잘은 모르겠지만 이왕

● 중국 푸젠성 샤먼시(廈門市)- 외부 침입 방어를 위한 집성촌 '토루' -2019.07.27

이면 인생은 고통의 연속이라는 최악의 상황을 상정해 놓고 어쩌다 찾아오는 행복을 만끽하는 게 더 낫지 않을까 생각해 봅니다. 마냥 행복하기만 하다가 불행이 찾아오면 디 불행하게 느끼듯이 힘들게 살다가 행복한 일이 생기면 기쁨이 배가 되기 때문이지요.

인생은 평탄하지 않습니다. 슬픔과 괴로움은 늘 우리 곁에 있는 것입니다. 겉으론 아무렇지 않게 보이는 사람도 속으로는 많은 고민을 안고 살아 갑니다.

나만 불행하고 나만 힘들다고 생각해선 안 됩니다. 그저 순간순간 버텨내는 수밖엔 뾰족한 방법이 없습니다.

버티고 버텨내세요. 이러한 순간이 쌓이고 쌓여 희망이라는 싹을 틔울 때까지…. 🔔

옳은 선택, 좋은 선택

"지금부터 1년 후, 당신은 오늘 시작할 걸 그랬다고
후회할지도 모른다."
- 캐런 램 -

사람들은 늘 옳은 선택, 좋은 선택을 하려고 합니다. 하지만 늘 그렇지는 않지요. 선택을 하는 행위는 정답을 찾는 과정입니다.

하지만 모든 선택에 있어서 정답은 없습니다. 정답을 찾기 어려워 선택을 미루거나 고민을 한다면 결정이 미뤄집니다. 요즘 유행하는 말로 '고민은 결정을 늦출 뿐'입니다.

어느 정도 마음을 굳혔다면 먼저 선택을 한 후에 그 선택이 후회를 남기지 않도록 최선을 다하면 됩니다. 어느 쪽을 선택하든 두려움은 남습니다. 우리에게 해야 할 일은 옳은 선택, 좋은 선택이 아니라 '시작'입니다.

두려움 때문에 주저주저 하다가 실패를 하느니 어느 쪽이든 한

● 베트남 다낭(Da Nang)+호이안(Hoi An) 베트남 1급 휴양지 다낭 바닷가!-2024.06.14-17

번이라도 움직여 보고 실패를 하는 편이 더 낫습니다.

　나는 매번 옳은 선택, 좋은 선택을 할 거라는 욕심을 버리세요. 그럴 리도 없거니와 그렇게 될 리도 없습니다. 이런 욕심 때문에 때를 놓치고, 기회를 놓쳐서는 안 됩니다.

　다행스럽게도 옳은 선택, 좋은 선택이 었다면 더할 나위 없이 기쁜 일이 겠지만 설사 그 반대라도 한 가지 배웠다고 생각하면 됩니다. 조금이라도 아주 조금이라도 배울 수 있다면 그것만 이라도 실행에 옮겨야 할 이유는 충분 합니다.

　정답을 찾지 말고 시작을 먼저 하세요. 🔔

치유

아무리 발버둥 쳐도 도무지 해결책을 찾을 수 없을 때는 일단
피하고 봐야 합니다. 쏟아지는 소나기를 맞고 서 있는다고 해서
문제가 해결될 리 없습니다.

일단 처마 밑으로 피해 있다 보면 해결책이 보일 때가 있습니
다. 세상사는 모두 변수라는 것이 항상 존재하니까요. 당장은 힘
들더라도 어떤 핑계를 대서라도 잠깐 물러서서 기다리세요.

시간은 모든 일을 치유 합니다. 모든 일에 시간을 주세요. 시간
이 지나면 아픈 것도 낫고, 괴로움은 무뎌지고, 고통스런 기억도
잊힙니다. 힘든 순간을 계속 부여잡고 살면 삶이 점점 더 고통스

● 제주도 천제현 폭포와 탐라순력도(보물제652-6호) 중 현폭사후-2024.11.19

러워질 뿐입니다.

　자신을 다그치지 않고, 몰아 세우지 않은 것이 곧 자신을 사랑
하는 방법 입니다.

　여유가 없으면 마음이 조급해 지고, 시야가 좁아 집니다. 🔔

그냥 벌어진 일

"생각하지 않으면 어리석고,
생각은 하지만 배우지 않으면 위험하다."
- 공자 -

　내가 아무리 바쁘고 힘들더라도 모든 일에는 시간이 필요합니다. 그저 시간이 흐르거나 적절한 환경이 조성되기만 하면 내가 따로 무엇을 하지 않아도 문제는 자연스럽게 해결 됩니다. 서둔다고 해서 해결될 일이 해결되지 않은 것도 아니고, 해결되지 않을 일이 해결되는 것도 아닙니다.

　어떤 문제가 해결 되느냐, 해결되지 않느냐는 오직 문제를 바라보는 자신의 태도에 달려 있습니다.

　내가 잘못을 했든, 다른 사람이 잘못을 했든 일단 어떤 문제가 발생한 후에는 '누가 잘못해서 생긴 일이 아니다. 그냥 벌어진 일이다.'라고 생각해야 합니다.

누굴 원망한들 문제는 해결되지 않는 법이니까요. 문제를 해결하려는 생각에만 몰두한 나머지 한 가지 생각만을 머릿속에 담고 살면 몸과 마음만 힘들어 집니다.

힘들면 힘든 대로, 어려우면 어려운 대로, 잘못되면 잘못된 대로 묻어 두세요. 우리가 해야 할 일은 그저 문제가 생기지 않도록 최선을 다하는 것 뿐입니다.

굳이 '이 또한 지나 가리라'는 문구를 떠올리지 않더라도 모든 문제는 시간이 해결한다는 걸 한시도 잊어서는 안 됩니다.

이 세상에 어떤 문제도, 그 어떤 슬픔도 시간으로 희석 되거나 퇴색되지 않는 것은 없습니다. 현재의 상황이 어떻든 상황은 반드시 변하게 되어 있습니다.

어제와 오늘이 다르듯, 문제도 오늘과 내일이 다릅니다. 상황이 어떻게 흘러갈지는 아무도 모릅니다. 조급함으로 문제 해결의 물줄기를 바꾸는 우를 범해서는 안 됩니다.

때론 문제를 해결하는 것보다 문제가 해결될 때까지 참고 기다린 것이 잘한 일일 수도 있습니다. 🔔

나를 힘들게 하는 건

"과거의 그늘을 밝히는 것은 지금 여기 현재의 등불이다."
- 박노해 -

과거에 자신이 한 일을 한 가지라도 후회하지 않고 사는 사람은 없습니다. 후회는 하되, 잊고 살뿐이지요. 과거에 잘못하지 않은 사람 없고, 앞으로 잘못을 저지르지 않을 사람 또한 없습니다. 지난날 자신이 잘못한 일을 부여잡고 살기엔 우리의 생이 너무나 짧습니다.

친구와 화해를 하듯이 당신의 과거와도 화해를 해야 합니다. 그것이 현재의 나와 미래의 나를 망가뜨리지 않는 유일한 방법 입니다. 나를 힘들게 하는 건 나 자신뿐 입니다.

과거의 나와 얼굴을 맞대고 사는 건 정말 힘든 일입니다. 이 세상 그 누구도 그렇게 살고 싶어 하진 않습니다. 과거와 이별하세

●캄보디아 앙코르 톰 유적군 – 바푸온사원!–2015.11.02

● 러시아 상트 페테르부르크(Saint Petersburg) 박물관 전경!-2019.05.07

요. 현재의 내가 과거의 나로 인해 좌절하지 않도록 노력 하세요.
과거의 나와 대면하고 사는 한, 한 발도 앞으로 나아갈 수 없습니다.

이미 벌어진 사건에 미련을 가지면 과거의 그늘에서 벗어나지
못합니다. 누구든, 언제든 실패하거나 실수할 수 있다는 것을 인
정하고 받아 들여야 합니다.

나를 힘들지 않게 하려면 욕심을 줄이고, 불안과 걱정을 줄이
고, 다툼을 줄이고, 집착을 줄이고, 질투를 줄이고, 허세와 인정받
고 싶어하는 마음을 줄이고, 짜증을 줄이고, 질투를 줄여야 합니
다. 이 중 그 무엇도 과해서 좋은 것이 없습니다. 어떤 방법을 통
해 이것들을 줄여 나갈지는 자신의 선택에 달려 있습니다.

이 세상에서 나를 힘들게 하는 것은 바로 '네'가 아니라 '나' 자
신 입니다. ○

시도한다는 것

"시간을 단축시키는 것은 활동이요,
시간을 견디지 못하게 하는 것은 안일 함이다."
- 괴테 -

사람들은 대부분 성공한 사람들을 보면 마치 그 사람이 하루아침에 그 일을 해냈다는 착각을 하곤 합니다. 그지 보이는 대로만 믿기 때문입니다.

하지만 그 사람의 성공 뒤에는 '시간'이 존재합니다. 성공은 오랜 시간을 견디고 버텨온 사람에 대한 선물 입니다.

지금의 1분, 10분이 하찮게 느껴지지만, 쌓이고 또 쌓이면 결국 인생이 됩니다. 세월이 빠르다며 한탄만 할 게 아니라 지금 흐르고 있는 시간을 붙잡아야 합니다. 한순간도 쉬지 않고 걷다 보면 나도 모르는 사이 목적지에 이르게 됩니다.

무엇을 하든 하루라도 거르지 않는 것이 중요 합니다. 무엇을

● 타이완의 수도 타이페이시 야시장~!-2017.09.27

얼마나 하느냐보다는 뭔가를 쉼 없이, 끊임없이 시도 한다는 것이 중요합니다. 시간의 힘을 믿는 사람은 양이 부족해도, 결과가 미미해도 거르지 않고, 멈추지 않는 것에 의미를 둡니다.

머리로 기억하기 보다는 몸이 기억하게 해야 합니다. 큰일을 단기간에 하는 것보다는 사소한 일을 오랫동안 하는 것이 더 가치가 있다는 사실을 깨달아야 성공에 더욱 가까이 다가설 수 있습니다. 속도가 느린 것을 빠르게 하는 것보다는 멈춰 선 뭔가를 다시 움직이게 하는 것이 더 힘들다는 사실을 기억해야 합니다.

내가 하고자 하는 일에 관성이 생기면 인생의 수레바퀴는 스스로 성공이라는 방향으로 굴러갈 것입니다. ♤

두려움에 대하여

"한계를 알기 위한 유일한 방법은 불가능한 영역에
발을 들여놓는 것이다."
- 아서 클라크 -

　사람의 마음속에 두려움이 생기는 까닭은 '얻을 것', '얻어지는 것'보다 '잃을 것', '잃게 될 것'을 먼저 떠올리기 때문입니다. 얻는 것이 있다면 잃는 것도 생기기 마련 입니다. 이를 인정하지 않고 잃게 되는 것, 얻지 못하게 되는 것에만 눈을 고정시켜 두다 보면 평생 두려움 속에서 헤어 나오지 못하게 됩니다. 두려움이라는 감정은 뭔가를 얻기 바라는 마음이 아니라 잃기 싫어하는 마음에서 비롯 됩니다. 무조건 얻으려고만 하지 않는다면 두려움이 생길 까닭이 없습니다.

　잃는 것이 없다면 얻는 것이 없고, 얻을 수 없다면 잃을 것도 없는 법 입니다. 두려워하기 싫다면 그냥 가만히 있으면 됩니다. 그

● 중국 베이징 이화원은 세계 최고의 황실 정원 ~!–2012.11.24

러면 아무런 일도 일어나지 않습니다.

잃는 것이 두려운 나머지 아무것도 하지 않는 것이야 말로 우리가 가장 두려워 해야 할 일이라는 것을 알아야 합니다. 뭔가를 잃어 본 사람만이 얻는다는 것이 얼마나 소중한 것인지를 압니다. 뭔가를 잃어 본 수많은 경험이 당신을 단단한 반석 위에 올려 놓을 것 입니다.

우리가 두려움을 많이 느끼는 이유는 못해도 되고, 실패를 해도 괜찮다는 사실을 그 누구에게도 배운 적이 없기 때문 입니다. 설사 모든 것을 잃게 되더라도 '해 보려고 했던 것', '이루려고 했던 것'에 의미를 두어야 합니다. 그래야만 그 지점에서 다시 일어설 수 있으니까요. ◇

실패

"네 장미를 그토록 소중하게 만든 건
네가 너의 장미에게 소비한 시간 때문이야."
- 생텍쥐베리 <어린 왕자> -

"그거 알아요? 나비는 처음부터 자신이 애벌레가 아니라 나비였다고 생각한다는 거. 자신이 애벌레 였다는 걸 기익하면 나비가 돼서도 절대 날지 않는데요."

"아저씨는 누군가를 사랑하는 게 글렀고, 난 누구한테 사랑받기 글렀다는 말, 그 말은 아저씨 말이 맞는 거 같애. 그치만 그 반대는 어때? 난 다시 누구를 사랑하게 되고 아저씨는 누군가에게 사랑받게 되는 거. 그럼 우리도 완전 실패작은 아닌 거지?"

어느 드라마 속에 나온 대사입니다. 우리의 생각이란 게, 그리고 사고라는 게 이렇게 무섭습니다. 날 가두고 있다고 생각하는

● 제주도 애월읍 해물 라면의 진수 놀맨(NOLMAN)! −2024.11.20.

것이 그 누구도 아닌 자신이 만든 것이라는 걸 사람들은 잘 모르고 사는 것 같습니다.

'생각이 행동을 지배한다.'라는 말 적어도 이제는 기억해야 할 것 같습니다. 자신이 생각하는 대로 되기만 한다면야 까짓 못할 것도 없습니다. 그리될 거라 믿으면 될 것이고, 그리 안 될 거라 믿으면 안 될 것입니다. 될 거라 믿으면 우주의 온 기운이 일이 되는 쪽으로 쏠리고, 안 될 거라 믿으면 그 반대가 되는 것이 세상 이치 입니다.

안 될 거라 믿었는데 되는 것이 오히려 이상한 것이고, 될 거라 믿었는데 안 되는 것이 이상한 것 입니다.

어차피 불가능한 거라면, 어차피 이루기 힘든 거라면 마음의 시곗바늘 이라도 '잘 되는 쪽', '잘 될 거라는 쪽'으로 돌려놓는 것이 조금은 덜 힘들지 않을까요. 🔔

꺼내 놓으세요

마음의 상처라는 말을 들으면 사람들은 으레 '마음에 상처를 입는다는 게 말이 돼? 그냥 마음이 아프다는 걸 에둘러 표현하는 것이겠지.'라고 생각 합니다. 하지만 마음도 상처를 입습니다. 눈으로 보이지 않는 것뿐이지요. 상처를 입어도 눈에 보이지 않고 피도 나지 않으니 다른 사람은 알 도리가 없지요.

세상은 침묵을 강요하지만 상처받은 영혼에게는 가혹한 형벌일 뿐입니다. 몸이 아프면 소문을 내야 나을 수 있는 방법이 생기듯이 마음이 아파도 소문을 내야 치유할 방법이 생기는 법 입니다.

"아프다"라고 말해야 아픈 줄 알고, "힘들다"라고 말해야 힘든 줄 압니다. 말하지 않으면 괜찮은 줄 압니다. 아프다고 말한다 해

● 중국 베이징 시내 한 가운데 자리하고 있는 천안문 광장!-2015.06.07

서 변하는 건 없습니다. 그 말을 들은 사람이 약을 가져다 주는 것이 아니니까요. 하지만 자신이 마음의 상처로 인해 무거운 짐을 지고 있다면 아프다는 말 한마디로 그 짐을 조금은 덜어낼 수 있습니다.

내 아픈 마음을 토닥여 줄 누군가가 곁에 있다면 더없이 좋은 일이지만 설사 없다고 해도 실망할 필요가 없습니다. 아프다는 말을 입 밖으로 꺼낸 후에는 자신도 모르게 '왜 아픈지', '왜 아프게 되었는지'를 돌아보게 되기 때문 입니다. 이런 과정을 반복하다 보면 아픈 상처가 아물고 무뎌 집니다.

때론 나에게 엄살을 피워도 된다고 말해 보세요. 쉽게 낫지 않을 상처라면 엄살이라도 피워야 조금은 덜 힘들 테니까요. 🔔

솔직함

"그래, 네 말이 맞아."

"뭐든지 잘하는 네가 부러워."

"난 네 편이야."

"어쩜 그렇게 잘해?"

　누구나 주변에 이런 사람들이 있습니다. 가족도 아닌데(심지어 가족조차도) 내가 무엇을 하든 항상 내 편을 들어주고 내 의견에 한 번도 반대를 한 적이 없다면 그 사람은 나를 진정으로 좋아하지 않는 것일지도 모릅니다.

　내 생각과 같다고 해서 무작정 좋아만 할 일은 아닙니다. 그렇

● 전남 화순 세계문화유산 고인돌 유적지 – 2013. 03. 05

다고 해서 무슨 꿍꿍이가 있는지 의심해 보라는 말은 아닙니다. 그저 사람은 그 누구도 아닌 자신에게만 솔직한 존재라는 것입니다.

　때론 분위기가 어색해질까 봐, 때론 나와 다투기 싫어서, 때론 자신이 다른 사람들에게 좋은 사람이라는 말을 듣고 싶어서일 수도 있습니다.

　사람은 친한 사이일수록 감정을 더 솔직하게 표현 합니다. 상대방이 편하다고 생각하기 때문이죠. 상대가 어쩌다 사회에서 만난 사람이라면 굳이 반대를 하면서까지 관계를 망치고 싶어하진 않을 테니까요.

　나와 반대의 의견을 가졌다고 해서 싫어하거나 항상 내 편이 되어 준다고 해서 무조건 신뢰해선 안 됩니다. 물론 나에게 좋은 말만 해 주는 사람이 싫진 않겠지요. 하지만 '정말 나에게 솔직한 건 나 자신뿐' 이라는 사실을 잊지 말고 살아야 합니다. ♪

최선이라는 말

"난 많은 사람보다 운이 좋아요.
나보다 운 좋은 사람은 빼고요."
- 영화 <가타카> -

"나는 할 만큼 했는데 안 돼. 난 여기까지인가 봐."

살다 보면 뭔가를 이루기 위해 무척 애를 썼는데도 결과가 좋지 못한 경우가 있습니다. 자신은 최선을 다했는데 운이 따라 주지 않아서, 실력이 모자라서 실패 했다고 생각하는 것이지요.

하지만 과연 최선을 다한 것일까요? 최선이라는 것은 누가 정한 것일까요? 여기서 최선은 자신이 정해 놓은 일종의 '선' 일지도 모릅니다. 자신이 노력한 만큼의 선이 곧 '최선'이라 생각하는 것입니다. 그 선을 넘으면 무리라고 생각하기 때문에 딱 거기 까지만 노력하고 그 지점을 최선이라고 생각하면서 살아왔기 때문

● 스위스(Switzerland) 비츠나우 호수의 꽃다리– 2022.07.27

에 '최선'이 항상 최선의 기준의 틀이 바뀌곤 합니다.

어느 정도 애를 썼다고 생각하면 '난 최선을 다했어.' 라고 생각하면서 자신과 타협하기 시작합니다. 자신과 타협을 하는 순간 최선이 어디까지 인지가 정해 집니다.

자신이 최선을 다했다고 생각하면 결과를 있는 그대로 받아들여야 합니다. 결과에 연연하게 되는 것은 최선을 다하지 않았기 때문이고, 최선을 다하지 않았기 때문에 결과를 두고 아쉬워 하는 것 입니다.

결과가 어떻든 노력하고 있는 그 자체로만 만족하며 산다면 인생이 조금은 덜 힘들겠지요. 🔔

사랑을 하면

"왜 이유 없이 웃을 수 있냐고요? 당신이 그 이유니까요."
- 애니메이션 <라이온 킹> -

　사랑을 하면 사랑을 하는 사람이 더 좋을까요, 사랑을 받는 사람이 더 좋을까요? 사랑은 결국 내가 좋자고 하는 것입니다. 자기만족이지요. 남을 더 좋게 하려고 사랑을 하는 거라면 굳이 그렇게까지 애쓸 사람은 아마도 없을 겁니다.

　내가 어떤 사람을 사랑할 때 누가 더 많이 사랑하는지를 따지는 것은 정말 무의미한 일입니다. 더 많이 사랑하는 것이 지는 것이 아니라 더 많이 사랑하지 못하는 것이 지는 것입니다. 그래야만 사랑이 끝난 후에 마음에 앙금이 남지 않는 법이니까요. 조금 덜 사랑했노라 나중에 후회하지 말고 지금 내 모든 것을 바쳐 사랑 하세요.

● 중국 저장성 위환시 옥환현 시내 공원 석상!-2014.12.20

　　나와 다른 사람의 사랑의 크기를 비교하지 않고 내가 그 사람
보다 조금 더 사랑하는 것에 집중하는 것이 바로 '참사랑' 입니다.
진짜 사랑은 이렇게 해야 하고, 이렇게 해야만 사랑이라 말할 수
있습니다.

　　내 사랑이 상대방에 비해 부족할까, 나만 사랑을 받는 것이 아
닐까를 걱정하지 마세요. 나의 사랑이 어떤 결말을 맺을지는 지켜
봐야만 알 수 있는 일일까요. ♩

난 상관없어

"멋진 답이 떠오르지 않을 때는 침묵이 금이다."
- 무하마드 알리 -

술집의 사장은 자신의 술집 분위기가 가장 좋은 줄 알고, 식당의 사장은 자기 식당의 음식 맛이 가상 좋은 줄 알고, 커피숍 사장은 자기 커피숍의 커피가 가장 좋을 줄 압니다.

이처럼 세상 사람들은 오직 자신의 생각대로 살아 갑니다. 어쩌다 남이 조언이라도 할라치면 겉으론 듣는 척 하면서도 결국 자기 마음대로 하곤 합니다.

우리가 남에게 섣불리 조언을 하면 안 되는 이유는 바로 여기에 있습니다. 말하자면 내 입만 아프다는 것이지요. 그런데도 조언을 하는 이유는 '나는 보이는데 상대방은 보지 못한다.' 라는 착각을 하고 있기 때문입니다. 즉, '내가 당신에게 조언을 해 주는

● 충남 금산/전북 완주 대둔산(大芚山) 입구의 상징 조형물-2020.11.10

것은 당신에 대한 배려심의 발로다.'라고 생각하는 것이지요. 이런 사람일수록 정작 자신은 조언을 듣길 싫어 합니다. 자신은 남들보다 현명하다고 생각하기 때문이죠.

　내가 살면서 찾은 답이 남에게도 답이 될 수 있다는 생각은 버려야 합니다. 조언을 하는 사람이 되기보다 차라리 조언을 듣는 사람이 되세요.

　'이 사람은 이런 생각을 가졌구나.', '저 사람은 저런 생각을 가졌구나.' 하면서 스스로 자신의 답을 찾으면 그뿐 이니까요.

　그리고 외치세요.

　"아이 돈 케어.(I Don't Care.)" 🔔

단지 다를 뿐이야

"모두가 비슷한 생각을 한다는 것은
아무도 생각하고 있지 않다는 말이다."
- 알버트 아인슈타인 -

"도대체 이해가 안 되는 사람이네."
"저 사람 왜 저래? 미친 거 아냐?"

　우리 주변에는 정상이라 생각되지 않을 만큼 이상한 행동을 하거나 독특한 언행으로 남의 시선을 끄는 사람들이 있습니다. 같은 행동이라도 상황이나 장소에 따라 정상 또는 비정상이라 여겨지는 경우는 차치하더라도 이런 사람을 보면 어딘가 고장 난 기계 취급을 하곤 합니다. 그 사람이 그런 행동을 하게 된 건 다 이유가 있을 텐데 말이지요(옳은 행동이든, 그른 행동이든). 사람들은 이걸 무시한 채 자신만의 잣대로 사람을 평가해 버립니다.

● 중국 저장성─千島湖 1950년대 댐 건설로 섬에 설치된 주전자 조형물~!─ 2015.07.02

　　나와 다르다는 이유로, 내 생각과 다르다는 이유로 다른 사람의 언행을 고치려 해선 안 됩니다. 그 사람은 나와 '다른 사람'일 뿐 '이상한 사람'은 아닐 테니까요. 내가 다른 사람과 다른 행동을 할 확률은 무척 높습니다. 나와 다른 사람의 생각이 완전히 똑같을 수 없기 때문이죠.

　　내 마음대로 행동했는데 다른 사람이 나를 이상한 사람 취급을 한다면 '나는 이상한 사람이 아니다.'라고 말하고 싶은 건 인지상정일 것입니다.

　　그런데도 사람들은 마음속에 자신만의 '자'를 지니고 살아갑니다. 이 '자'를 과감히 버리지 않은 한 그리고 이런 마음을 경계하며 살지 않는 한 남과 더불어 산다는 것이 점점 어렵게 느껴질 것입니다. ◇

증명

"당신이 세상을 바꿀 수 없다고 말하는 사람은 두 종류이다.
시도하기를 두려워하는 사람과
당신이 성공할까 봐 두려운 사람"
- 레이 고포스 -

이 세상에서 가장 몹쓸 병은 암과 같은 질병이 아니라 '자기 연민'이라는 마음의 병입니다.

이 병에 걸리면(빠지면) 내가 이 세상에서 가장 불행한 것 같고, 행복해도 행복한 줄 모르고, 어쩌다 행복하다가도 어느새 부정적인 마음이 독버섯처럼 피어납니다.

'연민'은 '다른 사람의 처지를 불쌍히 여기는 마음 또는 상대의 슬픔을 견디기 힘들어하는 감정'을 말합니다. 즉, 자기 연민은 '자신의 처지를 불쌍히 여기는 마음'이라고 정의할 수 있습니다. 이 감정이 자신을 지배하게 되면 자신의 책임을 회피하고자 하는 마음이 강해 집니다.

자기 연민도 결국 자기를 사랑하는 마음에서 나오는 것인데, 자기를 사랑하는 마음이 도를 넘은 나머지 자신을 불쌍한 눈으로 바라보게 됩니다.

내가 알고 있는 나는 어렵게 자라고 힘들게 살아 왔는데 세상은 그런 나를 모른 체합니다.

그러니 나만이라도, 나를 잘 아는 나만이라도 나를 불쌍히 여기지 않으면, 나에게 위로를 해 주지 않으면 못 견딜 것 같습니다. 자기 연민은 바로 이 지점에서 생겨 납니다.

자기 연민의 늪에서 빠져나오는 길은 '불행은 특별하지 않다.'라는 사실을 인정하는 것입니다. 나만 외롭고, 힘들고, 지치는 것이 아니라는 것, 불행은 나에게만 닥치는 것이 아니라는 것, 평안해 보이는 얼굴을 한 사람도 내면에는 고통을 안고 살아간다는 걸 알아야 합니다.

이제 그만 자기 연민이라는 옷을 벗어 던지고 자신을 증명해 보이세요. ♫

넘어짐

"인생은 자전거를 타는 것과 같다.
균형을 유지하려면 계속 움직여야 한다."
-알베르트 아인슈타인 -

삶은 마치 한 편의 무대와도 같다고 합니다. 우리는 다양한 상황 속에서 연기를 하며 살아갑니다. 이러한 삶의 무대 위에서 가장 중요한 요소 중 하나는 바로 '균형'입니다. 하지만 삶의 균형을 유지하는 것은 생각만큼 쉽지 않습니다.

우리는 종종 넘어짐을 경험합니다. 넘어짐은 우리 삶의 일부입니다. 살면서 한 번쯤 넘어져 보지 않은 사람은 없을 것입니다.

신체적 넘어짐은 우리의 몸이 물리적으로 불안정한 상태에 놓여 있을 때 발생 합니다. 길을 걷다 발을 헛디디거나, 계단에서 미끄러지는 경우 등이 이에 해당 합니다. 이러한 신체적 넘어짐은

● 이탈리아-밀라노 피렌체 시뇨리아 광장의 바티칸 조각상 - 2013.11.25

종종 부상을 초래 합니다. 이와 동시에 이러한 경험을 통해 좀 더 주의 깊게 걷는 법을 학습하게 됩니다.

정신적으로 넘어짐도 이와 마찬가지 입니다. 인생의 여러 갈림 길에서 우리는 여러 선택의 기로에 서게 됩니다. 때로는 잘못된 선택으로 인해 큰 실수를 범하기도 합니다. 정신적 넘어짐은 자존 감에 상처를 내고, 자신에 대한 의구심을 불러 일으 킵니다. 이러한 경험은 성장의 기회를 제공 하기도 합니다. 우리는 실패를 통해 더 나은 결정을 내릴 수 있는 지혜를 얻고, 자신을 돌아보는 시간을 가지게 됩니다.

따라서 삶의 균형을 유지하기 위해서는 넘어짐을 두려워하지

● 튀르키예 카파도키아(Cappadocia)– 앙카라 남쪽300km, 신이 만든 예술의 경지!–2014.02.22

말아야 합니다. 넘어지지 않으려면 넘어져 봐야 합니다. 넘어지지 않으려고 발버둥 칠수록 넘어지는 횟수는 늘어 납니다. 넘어짐을 매번 의식하며 살기 때문 입니다. 주눅이 들수록 실수가 늘어나는 것과 같은 이치 입니다.

넘어졌다고 다시 일어나기 힘들다고 움직이지 않으면 다시 걸을 힘을 잃게 됩니다.

넘어지는 행위를 부정할 것이 아니라 당연한 것으로 받아들여야 합니다. 넘어짐을 통해 조금은 덜 아프게 넘어지거나 넘어짐의 횟수를 줄이는 방법을 배워야 합니다.

넘어지는 것이 중요한 것이 아니라 '언제 넘어졌느냐', '어떻게 일어 나느냐'가 중요합니다. '언제 넘어졌는지'를 알면 자신이 넘어지는 타이밍을 알게 되고 '어떻게 일어 나는지'를 알게 되면 일어나는 방법을 알게 됩니다. 이 과정에서 우리는 자신을 더욱 깊이 이해하게 되고, 삶의 의미를 찾게 됩니다.

'넘어짐'은 곧 '기울어짐'을 의미합니다. 삶이 현기증을 일으켜 쓰러지지 않으려면 기울어 지려고 하는 삶을 평행대 위에 바로 세워 놓아야 합니다. 삶은 결국 균형은 넘어짐 속에서 의미를 찾는 여정 이니까요. ♫

에이지즘
– 고요한 호수에 발을 담그다 –

"나이가 든다는 것은 삶의 또 다른 표현일 뿐이다."
- 신디 조셉 -

  '에이지즘(Ageism)'이라는 말이 있습니다. 이는 늙은 사람을 더럽고 둔하고 어리석게 느껴 혐오하는 현상을 말합니다.

  카페나 음식점에 가 보면 노골적으로 싫어하는 표정을 짓는 사람들을 볼 때가 있습니다. 『늙어가는 법』이라는 책에는 '늙어서는 젊은 사람이 불손하다고 화를 내거나 항의를 해서는 안 된다.'라는 말이 나옵니다. 나이가 들수록 행동이 굼떠지고, 생각이 둔해지고, 외모가 변하는 것은 당연한 것인데, 이를 있는 그대로 받아들이지 못하고 반발하는 것 자체가 추한 행동이라는 뜻이겠지요. 젊은 사람이 불쾌한 태도를 취하거나 말을 하더라도 구태여 말을 꺼내 자신의 나이듦을 드러낼 필요는 없습니다.

● 대만 – 대만국립고궁박물관의 상아투화운룡문투구(코끼리 상아 한 개를 깍아서만든 장식
품)–자세히 보면 동그란 공안에 공이 16개(총17개)가 더 들어가 있고 각각의 공이 다돌아
간다. 3대에 걸쳐 만들어졌고 아직도 어떻게 만들어졌는지 밝히지 못했다고 함
–2017.09.27

한편으론 노인을 좋지 않은 눈으로 바라보는 젊은이들의 생각을 이해할 수 있을 것 같기도 합니다. 그건 아마도 자신들의 젊음이 영원할 것이라 생각하기 때문이겠지요. 바라건대 노인을 바라보는 시선이 일정한 선을 넘어 '에이지즘'으로까지 치닫지는 않았으면 좋겠습니다.

"우물쭈물 살다가 이렇게 끝날 줄 알았지."

풍자와 독설로 한 시대를 풍미한 영국 극작가 버나드 쇼가 세상을 떠나면서 남긴 말입니다. 기인으로 불렸던 중광 스님은 세상을 떠나면서 "괜히 왔다 간다."라는 말을 남겼고 프랑스 작가 미셸 투르니는 "내 그대를 찬양했더니, 그대는 백 배나 많은 깃을 갚아 줬다. 고맙다. 나의 인생이여!"라는 말을 남겼습니다.

우리 주변에는 오래돼도 맛이 변하지 않고 와인처럼 늙어가는 사람들이 있습니다. 우리는 얼마나 오래 사느냐보다 어떻게 오래 사느냐가 중요한 시대에 살고 있습니다. 우리의 인생에도 사계절이 존재 한다면 지금 어느 계절을 보내고 있는 것일까요?

"시계 같이 움직이고 있어요. 나이는 정말 숫자지요."라는 우리나라 최고령 의사 고 한원주 박사의 말씀이 떠오릅니다. 그는 아흔네살이 되도록 매일 병실을 돌며 환자를 돌봤습니다. 하늘로 떠

● 중국 장쑤성 항일 유적지 & 장가항시 유람선–2018.10.24

나기 한 달 전까지 청진기를 놓지 않았고 "예쁘게 보이고 싶은 마음이 살아 있어야 건강하다는 증거"라고 말하며 늘 눈썹을 그리고 립스틱을 발랐으며 흰머리를 가리기 위해 검은 모자를 쓰고 다녔습니다.

그가 남긴 '삶이란 한 줄기 바람이 불어오는 것이고, 죽음이란 고요한 연못에 달이 잠기는 것'이라는 마지막 인사말은 인생을 달관한 고승의 법어를 떠오르게 합니다.

삶과 죽음은 연기되어 있는 미래입니다. 이왕이면 아름답게 열심히 살아가다가 후회 없이 맞이하고 싶어집니다. 가을바람에 인생이 느껴지는 걸 보니 조금은 성숙해 지려나 봅니다. ♩

아름답게 늙는다는 것

"아름다움은 나이가 들수록 더욱 깊어지는 법이다."
- 프란츠 카프카 -

어디쯤 왔을까 가넌 길 잠시 멈추고 되돌아보니 걸어온 길을 모르듯이 걸어갈 길도 알 수가 없습니다. '나는 삶을 사랑했을까, 지금도 삶을 사랑하고 있을까'를 생각해 봅니다.

붙잡고 싶었던 그리움의 순간들, 매달리고 싶었던 욕망의 시간도 아련히 지나간 추억일 뿐입니다.

어디쯤 왔는지, 얼마만큼 남았는지는 알 수 없지만, 걱정은 잠시 접어두고 오늘을 살아가야 합니다. 끝을 알 수 없는 삶의 길, 오늘은 어제처럼 내일은 또 오늘처럼 살다 보면 세월이 저를 세상에 데리고 온 곳으로 가져다 놓겠지요.

사람이 사람답게 사는 것을 '웰빙', 사람이 사람답게 죽는 것을 '웰 다잉' 그리고 사람이 사람답게 늙는 것을 '웰 에이징'이라고 합니다.

사람의 나이에는 살아온 햇수를 한 살씩 더해가는 숫자적 나이, 체력이나 건강도를 측정하는 건강 나이, 정신 상태를 도표로 표시하는 영적 나이 등이 있습니다. 인생의 4분의 1은 성장하면서 보내고 나머지 4분의 3은 늙어가면서 보낸다고 합니다.

사람에게는 평생을 살면서 하루는 저녁이 여유로워야 하고 일년은 겨울이 여유로워야 하며 일생은 노년이 여유로워야 하는 3여(三餘)가 있습니다.

노년을 아름답게 보내는 사람들의 공통점은 항상 감사하는 마음을 가지고 생활한다는 것입니다. 우리 주변을 돌아보면 감사한 것이 무척 많습니다. 알려고 하지 않고 보려고 하지 않고 느끼려고 하지 않기 때문에 감사하지 못하는 것입니다. 이 순간 숨을 쉬고 있는 것도, 남에게 손 벌리지 않고 삼시세끼를 먹을 수 있다는 것조차도 감사한 일입니다. 감사함을 느끼면 세상이 달라 보입니다.

노년에는 열정을 가져야 합니다. 아브라함은 100세에 아들 이삭을 낳고 모세는 80세에 민족을 위하여 새로운 출발을 했다고 합니다. 노년에도 열정을 가지면 어떤 일이든 이룰 수 있습니다. 세

● 영국 런던의 영국대영박물관의 조각상—2013.10.23

계 역사상 최대 업적의 35%는 60~70대에 의하여 성취 되었고 6%는 80대에 의하여 성취 되었다고 합니다. 결국 역사적 업적의 64%가 60세 이상의 노인들에 의하여 성취된 것입니다.

가슴 속에서 열정이 사라지는 순간, 삶은 주저앉고 맙니다. 세상이라는 무대에 두 다리로 설 수 있는 한 내게 주어진 모든 순간에 열정을 갖고 임해야 합니다.

노년을 아름답게 보내기 위한 또 한 가지 방법은 '대인관계'에 투자하는 것입니다. 미국 카네기 멜론대학에서 인생에 실패한 이유에 대하여 설문조사를 했는데 전문적인 기술이나 지식이 부족했다는 이유는 단 15%에 불과 하였고 나머지 85%는 잘못된 대인관계 때문이라고 답했다고 합니다.

나이가 들면서 초라해지지 않는 비결은 인간관계를 '나'가 아니라 '우리'를 중심으로 바꾸는 것입니다. 사람이 나이가 들면 말이 많아지고 오욕이 생기며 모든 것을 자기중심적으로 생각하기 쉽습니다. 삶의 중심축을 바꾸면 삶이 달라집니다. 일 중심, 물질 중심의 인간관계는 언젠가 바닥을 드러내는 법입니다.

'얼마 남지 않았다'라는 쓸데없는 생각을 버리고 결승점에 가까울수록 더욱 최선을 다해 뛰어야 합니다. 후반전의 인생은 다 쓰고 남은 자투리가 아닙니다. 이것이 바로 우리가 '여생(餘生)'이 아니라 '인생(人生)'을 살아야 하는 이유 입니다. ○

노후 관리 십계명

"인생은 10%의 사건과 90%의 반응으로 이루어진다."
- 찰스 R. 스윈돌 -

푸른 잎도 언젠가는 낙엽이 되고 예쁜 꽃도 언젠가는 떨어지지요. 이 세상에 영원한 깃은 없습니다. 지금 이 시간도 다시 오지 않습니다. 영웅호걸, 절세가인도 세월 따라 덧없이 가는데 무엇이 그리 안타깝고 미련이 남을까요. 누구나 그러하듯 세월은 곁에 있는 사람들을 하나둘씩 데려갑니다.

세월 앞에 예외는 없습니다. '아껴 쓰면 20년, 대충 쓰면 10년, 아차 하면 5년' 이라는 말이 있듯이 시간을 아껴 써야 알토란 같은 인생을 살 수 있습니다.

첫 번째는 '정리 정돈(clean up)' 입니다. 나이가 들수록 일상의 관심과 애착을 줄이고 몸과 집안과 환경을 깨끗이 해야 합니다. 일생 동안 누적된 생활 습관과 잡다한 용품들을 과감히 정리하는 것이 현명한 노후 관리의 첫걸음 입니다.

두 번째는 몸치장(dress up or fashion up) 입니다. 언제나 몸을 단정히 유지하고 체력 단련에 힘써야 합니다. 의복도 깨끗하고 좋은 것을 때에 맞춰 갈아 입어야 합니다.

세 번째는 '대외 활동(move up)' 입니다. 집안에 칩거 하기보다 모임에 부지런히 참가해야 합니다. 새로운 사람과의 만남은 삶에 활력을 불어넣어 줍니다. 움직이지 않으면 몸도 마음도 쇠퇴하게 됩니다.

● 베트남 다낭(Da Nang)+호이안(Hoi An) 한강 용다리-2024.06.14

● 베트남 다낭(Da Nang) 바구니배– 2024.06.17

　네 번째는 '언어 절제(shut up)'입니다. 입은 닫고 지갑은 열어야 합니다. 말을 할 때는 논평보나 덕담에 힘써야 합니다. '말하기'점수보다 '듣기' 점수가 좋아야 어디서든 환영 받습니다. 짧으면서도 곰삭은 지혜로운 말이나 유머가 있다면 금상첨화 입니다.

　다섯 번째는 '자기 몫(pay up)' 입니다. 돈과 인심은 다른 사람보다 먼저 쓰는 게 좋습니다. 내가 하기 싫은 일은 남에게 미루지 말아야 합니다. 언제나 남의 대접만 받고 무임승차하는 거지 근성은 스스로를 낮추는 지름길 입니다.

　여섯 번째는 '포기(give up)' 입니다. 건강, 출세, 사업, 가족, 부부, 자식 문제 등 세상만사가 내 뜻대로 이루어 지지는 않습니다.

안 되는 것은 빨리 포기해야 합니다. 인생을 편안하게 지내려면 안 되는 일로 속을 끓이는 일이 없어야 합니다.

일곱 번째는 '평생 학습(leaning up)' 입니다. 배움에는 나이가 없습니다. 항상 깨어 있어야 합니다. 비록 속도가 늦더라도 새 지식, 새 정보를 제때에 섭취하려고 노력해야 합니다.

여덟 번째는 '낭만과 취미(romance up)' 입니다. 삶이 각박 할수록 낭만을 가져야 합니다. 꿈을 꾸고 사랑하며 감흥과 희망을 가지고 살면 노년이 아니라 청춘입니다. 산수를 즐기며 자기가 좋아하는 취미 활동에 전념하는 것도 행복 삼매경에 이르는 한 가지 방법이라 할 수 있습니다.

아홉 번째는 '봉사(service up)' 입니다. 평생을 사회에 많은 신세를 지며 살아 왔습니다. 남은 인생, 남에게 베풀며 살아야 합니다. 내가 먼저 베푸는 것이 복을 짓는 길입니다. 하찮은 일이라도 내가 먼저 베풀고 실천하면 남에게 좋은 느낌을 주고 나 또한 행복해 집니다.

마지막은 '허심겸손(mind up)' 입니다. 욕심을 버리면 겸손해지고 마음을 비우면 세상이 밝아 보입니다. 인생을 달관하면 인격이 돋보이고 마음의 평화와 건강을 누리게 됩니다. 마음은 자기 정체성을 담는 '그릇'이자 우주로 통하는 '창문' 입니다. 🔔

문사철(文史哲) 600

"독서는 지식의 열쇠이며, 지식은 힘이다."
- 프랜시스 베이컨 -

　최근 들어 책을 읽는 풍속이 많이 달라졌습니다. 책은 당연히 종이로 민드는 것인데 인터넷이 발달하면서 '종이 책'이라는 말까지 생겨 났습니다. 자라나는 세대에게 '책은 낡은 것' 이라는 인식을 심어 주는 것 같아 안타깝기 까지 합니다.

　심지어 인터넷으로 읽을 수 있는 '전자 신문'이 등장하면서 '종이 신문'이라는 낯선 용어가 생겨나고, 신문은 보수층에 속하는 나이 먹은 사람들이나 읽는 낡은 매체로 비하되기도 합니다.

　이런 추세대로라면 지식과 정보는 반드시 인터넷이 있어야 습득할 수 있다고 생각하게 될 위험이 있습니다. 실로 우려할 만한 일이 아닐 수 없습니다.

● 헝가리 부다페스트 영웅 광장에서 스케치(?)~!-2014.09.16.

    다독가(**多讀家**)로 유명한 동원그룹 김재철 회장은 평소 임직원
들에게 "인생에서 '문사철 600(문학책 300권, 역사책 200권, 철
학책 100권)'은 읽어야 한다"라며 독서의 중요성을 강조해 왔습
니다. 젊어서 이 600권을 읽지 않고서는 지식인의 대열에 설 수가
없다는 것입니다.

    문학 서적을 읽어야 하는 이유는 문학이 '언어의 보고(**寶庫**)'이
기 때문 입니다. 우리가 살아가는 데는 단순한 생활어(**生活語**)만
으로 충분하지만, 교양인 또는 지식인의 대우를 받으려면 문화어
(**文化語**)를 구사할 줄 알아야 합니다.

또한 역사 서적을 읽어야 하는 이유는 역사가 '체험의 보고'이기 때문입니다. 젊어서 경험할 수 없는 여러 가지 일들을 역사 서적을 읽으면서 간접 체험할 수가 있습니다. 역사 서적에서는 옳고 그른 일, 의로운 일과 의롭지 않은 일, 우리의 삶을 풍요롭게 할 가치 등을 얻을 수 있습니다.

마지막으로 철학 서적을 읽어야 하는 이유는 '초월(超越)의 보고'이기 때문입니다. 삶이 풍요롭기 위해서는 초월의 세계가 있다는 사실을 알아야 합니다. 철학 서적에서는 현실 세계를 뛰어넘을 수 있는 힘과 능력을 얻을 수 있습니다.

조선조 말기, 위정척사(衛正斥邪)의 상징이나 다름 없었던 화서 이항로(華西 李恒老) 신생의 독서론은 오늘을 사는 우리들의

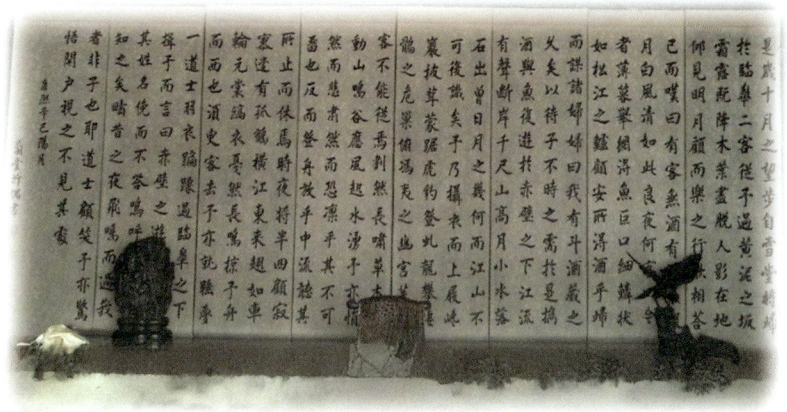

● 유교-공자본산 중국 산둥성 곡부-공묘(사당)의 사당병풍글~!-2013.09.08

● 대둔산(大芚山) '호남의 금강산' 정상 오름 계단−2020.11.10

마음을 섬뜩하게 합니다.

"내가 중용(中庸)을 외기를 만번까지 하였는데, 한번 욀 때마다 뜻이 달랐다. 내가 살아서 다시 중용을 왼다면 무엇을 깨닫게 될지 참으로 두렵다."

이렇듯 독서는 책 속에 담겨 있는 천금 같은 내용을 숙지하게 하고, 실천하게 하는 도덕적 용기의 원천 입니다. 우리가 책을 가까이해야 하는 이유는 삶을 더 아름답고 지혜롭게 가꾸기 위한 것일 뿐, 엄청난 학문적 성과를 이루고자 하는 것이 아닙니다.

율곡 이이 선생의 가르침에도 독서에 관한 기막힌 대목이 있습니다.

"의복은 화려하거나 사치한 것을 입을 것이 아니라 추위를 막으면 그뿐이며, 음식은 맛난 것을 먹을 것이 아니라 굶주림을 면하면 그만이다."

따라서 자신의 인생을 살찌게 하고, 자신의 삶을 윤택하게 할 수 있는 좋은 책을 골라서 반복하여 읽고 소중하고 아름다운 내용을 자신의 것으로 만드는 것이 참된 독서의 방법 입니다.

문학 서적을 읽어 문화어를 구사하고, 역사 서적을 읽어 체험을 축적하고, 철학 서적을 읽어 초월의 세계를 넘나들 수가 있다면 삶은 반드시 풍요로워질 것입니다. ♤

올 것은 오고 갈 것은 간다

"자연을 따르는 것이 가장 좋은 길이다."
- 노자 -

인도의 한 지방에서 한 부부와 아들이 여행을 하고 있었습니다. 세 사람은 길을 걸어가다가 잠시 더워서 큰 나무 그늘에 앉아 쉬고 있었습니다. 그때 마침 젊은 한 남자가 그 나무 그늘 아래에서 함께 쉬게 되었습니다.

그런데 잠시 시간이 흐른 뒤 젊은 남자 여행자가 길을 떠나려고 하는데 같이 나무 그늘에서 쉬고 있던 어머니가 갑자기 일어섰습니다.

나무 그늘에서 함께 쉬고 있을 동안 그 아이의 어머니가 그 젊은 남자와 눈이 맞았던 것입니다. 어머니는 남편과 아이를 뒤로한 채 젊은 남자를 따라 갔습니다.

● 대만 먹방+옛거리+야류 해양공원 주요 경관—2025.03.19

　아들은 당황하여 아버지의 눈치만 보고 있었습니다. 그러자 아버지는 태연하게 그 자리에서 일어나 아이의 손을 잡고 가던 길을 다시 걸어갔습니다. 아들이 아버지에게 따져 물었더니 아버지가 꾹 다물고 있던 입을 열었습니다.

　"너의 어머니가 처음 나에게 왔을 때도 자신의 의사에 따라 나에게 왔다. 인연이 다해 떠나갈 때도 자신의 마음이 흐르는 대로 자신의 길을 걸어갈 뿐이다. 자신의 의지에 따라 마음이 흐르는 대로 길을 왔다가 그 길을 떠나는 것을 내가 어찌 하겠느냐? … (중략)… 애쓰지 마라. 너무 애쓰지 마라. 올 것은 오고 갈 것은 간다. 인연 따라 물 흐르듯 흘러가도록 놔둬야 편해진다."라고 말했습니다.

인도에서 전해 내려오는 이 이야기는 비록 극단적 이기는 하지만 많은 생각을 하게 합니다.

모든 것이 스스로의 인연 따라 왔다가 인연이 다하면 스스로 알아서 갈 뿐, 이 세상 모든 것은 내 마음대로 되지 않습니다. 익숙한 것이 떠났다고 아쉬워 말고 새로운 것이 다가왔다고 너무 매혹당하지 않는 것이 중요 합니다.

한 번 온 것은 다시 가기 마련이고 또 갈 것이 가고 나면 올 것은 또 오게 되어 있습니다. 인연이 다하면 떠나고 새로운 인연이 다가옵니다. '인연이 아니라면 오지 않았을 것이고 인연이라면 올 것'입니다.

뭘 바꿔 보려고, 어떻게 해보려고 하는 마음만 무심하게 내려 놓으면 내가 할 수 있는 것, 내가 좋아하는 것, 내게 익숙한 것들이 점차 내 삶 속에 차곡차곡 쌓이게 될 것입니다. ◌